集中の超プロがたどり着いた、
ハックより瞑想より大事なこと

深い集中を取り戻せ

Think Lab
井上一鷹

ダイヤモンド社

集中力が落ちた。
あの頃は、もっと没頭できたのに――
何が原因かわからないけど、
いつの間にか、『深い集中』が失われた、
すべての人へ。

私たちは今、
スマホやＰＣに１日平均11時間を費やしています。

そんなあなたに質問です。

「集中力は大事だ。イエスか、ノーか？」

もちろん大事ではある。
「必要」なものである。
しかし、「十分」なものではありません。

本書は、そんな話からはじめます。

この本は、単なる「集中力を身につけるハック本」ではありません。

脳科学的に、
やらされ仕事は4ヶ月しか続かないけれど、
やりたいことは4年続くと言われます。

あなたが、夢中で何かに没頭できた体験。
やらされ仕事ではなく、自らやってみようと思えたこと。

つまり、『深い集中』。

本書は、それを取り戻すために考え方を変える、『決断の書』です。

はじめに

なぜ今、「集中」が必要か

「人は1日4時間しか集中できない」

これは、1万時間の法則で有名な心理学者アンダース・エリクソンの言葉です。

これを聞いて、おそらく1つの疑問が浮かぶでしょう。

「1日4時間も集中できている人なんて、今の時代、いるのだろうか」と。

詳しくは後述しますが、私は、人の集中の度合いを測るメガネJINS MEME[註1]（ジンズミーム）を用いて、これまでたくさんの人の「集中」について研究してきました。

その結果では、なんと**84％の人が、1日4時間の集中すらもできていない**ことがわかってしまいました。

メガネデバイスを自分で購入して集中を高めようとする人たちでさえ、その比率なのです。実態は、もっとひどいことになっているでしょう。

さらに衝撃的な研究は、マイクロソフト社のカナダの研究チームが２０１５年に発表した研究報告です。

「現代人の集中力は８秒しか続かず、これは金魚の９秒を下回る」

これにより、「ついに人の集中力は、金魚に負けた」と話題になりました。この研究によれば、２０００年の時点では、人の集中力の持続時間は、12秒程度あったそうです。

しかし、ＰＣやスマホの普及によって、**１つのことに集中する力が落ちてきて、２０１３年には、８秒しか集中力を持続できなくなった**のです。

もしかしたら、あなたもここまで読んでいる間に、何度か他のことを考えてしまったのではないでしょうか。
それだけ、「1つのことを考える力」が弱っているのです。

多くの人は、「マインドフルネス」という言葉を聞いたことがあるでしょう。日本で培われてきた禅的な取り組みが、アメリカ西海岸を中心とするIT系企業内などで見直され、アップルのスティーブ・ジョブズ氏が取り入れていたことや、グーグル内のSearch inside yourselfなどの活動で一躍有名になりました。
これを簡単にまとめると、次の通りです。

〝情報化社会によって、脳に入ってくる情報が多すぎて、注意力が散漫になりやすい。だから、人として重要なはずの深い思考ができなくなっている。ならば、情報を遮断《しゃだん》して、深く集中できる人の象徴であるお坊さんに瞑想の学びを得よう。〟

という話です。
我々現代人は、いつだって、**「同僚か取引先の人か家族か友人」**が、**「スマホかPCかり**

アル」を通じて、「チャットツールか電話かメールか直接話しかけ」をしてくる。

そのような状況です。

しかし、人の大脳は、同時に2つ以上の課題を処理できないことがわかっています。

PCの脳にあたるCPUは、パワポとネットブラウザとエクセルと……と、同時に別々のことを処理できますが、人間の脳は1つずつしか処理できません。

もっとも集中ができない場所とは？

そして、もうひとつ、重要な研究結果があります。

「1つのことを深く集中して考えるためには、準備段階だけで23分かかる」

そう言われています。

それなのに現代人は、平均で11分に1回は人から話しかけられることや、メールやチャットの着信音によって、集中するまでの23分を脅《おびや》かされているのです。


また、私たちの研究では、さらに衝撃的なことがわかりました。

それは、**人がもっとも集中できない場所が、実は「オフィス」だった**ということです。

我々の集中の邪魔をするのは、もっぱら「同僚」と「スマホ」で、オフィスでは仕事について1人で深く考えることすらできません。


同時に2つ以上の課題を処理できない脳を持つのに、こうした課題に向き合わずに、なんとなく「労働時間を削減しなければ」と、漠然と進められてきたのが、日本がこの数年ずっとやってきた「働き方改革」というものでした。

仕事のアウトプットは、「時間×パフォーマンス」です。

しかし、これまでは時間のデータしか定量化してこなかったので、「今月は、誰が45時間以上残業しているかな?」という議論ばかりがおこなわれています。


ただ、**すべての「時間」は同等の価値では絶対にありません。**

グーグルの元プログラマーだったアラン・ユースタスは、次のように語っています。

〝一流のエンジニアは、平均的なエンジニアの３００倍の価値だ。ビル・ゲイツに言わせるとさらに過激で、優秀なソフトウェアプログラマーには平均的なプログラマーの１万倍の価値がある。〟

つまり、**ある人の1時間の価値は、下手をすると他の人の1万倍以上である可能性があるというのです。**

これは、個人の中でも起こり得ます。

たとえば、私は夜型人間だと思って20代の頃を突っ走ってきましたが、遺伝子検査をしたら、朝型遺伝子を持っていることがわかりました。

自分で計測してみても、朝のほうが確実に集中しているという結果が出ました。

それによれば、朝の1時間は夜の3時間分のクリエイティビティがあるということだったので、頭を使う仕事ほど朝にこなすほうがよいということになります。

実際にそのような習慣にすると、パフォーマンスが上がり、結果的に残業も減りました。

つまり、仕事の成果は、タイムマネジメントをして**「集中をどう制するか」**にかかっているのです。

人間の3つ目の「幸福」とは何か

集中に関する研究で有名なのは、心理学者のミハイ・チクセントミハイの研究で、集中の極致と言える「フロー体験」というものが定義されています。

それによれば、**時間を忘れるほどの集中（フロー体験）によって、人はえも言われぬ高揚感を得られる**ということです。

集中できる人は、それだけで自己肯定感を得られて、幸せを感じるのです。

フロー体験の研究は、「人類の3つ目の幸せを見つけた研究だ」とも言われます。

「意義」と「快楽」に続く3つ目の幸福です。

「意義があることを成すのは幸せ」

「快楽があると幸せ」

この2つは誰にでも経験があるでしょう。

そして、フロー体験ができれば、「意義」や「快楽」がなくても、「ただ集中できる」という状態であるだけで幸福感を得ることができるのです。

本書を読んでいるみなさんにも、思いあたることがあるかもしれません。

誰しも子どもの頃は時間を忘れて何かに没頭して、楽しくてしょうがない時間を過ごしたことがあるでしょう。

大人になってからも、自発的にやっている趣味や仕事の時間は、気づいたらあっという間に時間が過ぎていることがあります。

そんなときは、目的がなくても幸せを感じていることでしょう。

今、右肩上がりの経済成長だけを追うのは難しい時代が来ています。

そうなると、他者と比較して感じる幸せは、一部の人しか持てないものになっていきます。

しかし、「集中」は違います。

誰かと比べなくても、自分が目の前のことに没頭できていれば、それだけで幸福を感じることができます。

だから、**集中は、他者との比較から逃れ、自分が幸せになるために必要不可欠な能力のベーススキル**です。

ただ、ここで問題なのが、冒頭に書いたように、時間を忘れるような幸せな時間を過ごすための「**集中する力**」が落ちているという事実なのです。

「集中＝幸福」が脅かされる時代

ここまでは、同僚やスマホが我々の集中を邪魔してくること、でも集中できないとパフォーマンスが上がらないし、それより何より幸せになれない、そんな話をしてきました。

そして、2020年の新型コロナウイルス騒動が引き金となった働き方の変化によって、我々の集中力のさらに「根っこの部分」が揺らぐ時代に入りました。

リモートワークや環境の変化により、集中できないことへの対応が避けて通れない時代になったのです。

それ以前の働き方を振り返ると、次のようなものでした。

〝全員が9時にオフィスに出社し、11分に1回は同僚と話しかけ合いながら、仕事内容を擦《す》り合わせて進めていく。〟

そんなオフィスワークが当たり前でした。

しかし、これからは確実に、すべての組織がこれまでとは違う速度で変化していくでしょう（1％しか変わらない会社もあれば、99％変わってしまう会社もあるでしょう）。

ここで大事なのは、「1％程度しか変わらずに、これまでと同じ仕事の仕方を選択する会社」も多く存在するということです。

そのような会社に入って、「自分で選択しなくていい働き方を選択する」という方法も、割り切ってしまえば可能でしょう。

しかし、少なくともこれからの時代は、たとえ消極的であれ、働き方そのものを選択しないといけないのは間違いありません。

その前提に立つと、自分なりの働き方や生き方を考えていくためのスタンスは、次のとおりです。

「何に影響を受けるのか」

「自分はどんな対応をすればいいのか」

「どんなスキルが重要になるのか」

これらを考えることは、実は**「起業したら求められるスキル」**でもあります。

もっとも自由度が高く、自ら選択し、能動的に仕事をしていくのが、起業家や個人事業主です。

そして、多かれ少なかれ、会社員もその一部のスタンスやスキルセットを学ぶ必要が出てきました。

つまり、**「自由と引き換えに、誰も正しさを決めてくれない時代」**に入り、それとどう向き合っていくべきなのかが大事になってきたのです。

本書では、こうした自由が爆発的に膨張し始めた時代に大きな課題となる、

・集中の勝ち取り方

・自由を自ら作り、働くためのスタンス

を、生理データの検証や先人たちへのインタビュー内容を交えて、できるだけ**「すぐに今日から実践できること」**として紹介していきます。

1万人以上のデータが教えてくれること

自己紹介が遅れましたが、私はメガネのJINS（ジンズ）という会社で、JINS MEMEという集中力を測るメガネの技術開発・事業開発から、その研究を推進してきました。

生理データの読み解きは、心理学や脳神経科学、眼科などの大学教授と、働き方などに

関しては、経営学や社会科学などの領域の大学教授や民間の研究所との共同研究をおこなってきました。

そして最近では、**「そのデータを基にどんな環境を整えると人が集中して、気持ちよく働けるか」**ということを空間設計に落とし込み、体験価値を提供していく、株式会社Think Lab（シンクラボ）の取締役をしています。

私には「研究を基にした定量的観測」のデータを持っていることと、リアルな職場での「実践的な働き方改革施策の巧拙《こうせつ》」を見てきたという、2つの強みがあります。

延べ1万人以上の集中度のデータを見ながら、先進的な取り組みを続ける人事・総務の方々との議論の中で、多くの施策を試し、研究もしてきました。

特に、多くの企業でのハード（空間・設備）やソフト（人事制度・コミュニケーションツールの在り方）などと、その結果としての集中データやアンケート結果を見ながら、できるだけ広い視点で、次の時代の働く環境に関して、数十社での実証実験を繰り返してきました。

それらを継続しつつ、5年ほど前から、働き方改革やHRテック、マインドフルネスなどの領域で、多くの勉強会・講演会に参加し議論を積み重ねてきました。

どのあたりが **「定量的でノウハウとして積み上がり、かつ実践的なのか」** に対する鼻は利いていると思うので、その点に期待して読んでいただきたいです。

集中にまつわる「ある疑問」

2017年頃から、おかげさまでいろいろなイベントやメディアに呼んでいただき、「集中のプロの井上さんです!」

などという呼び方をされることも多くなりました。

「情報化社会によって、集中は脅かされ続けている。そして集中できないと新しいことは生まれないし、幸せになれないですよね」

と、本書のここまでの話をさまざまな場で語ってきたわけです。

そこに、2020年のコロナ騒動が起こりました。

これによって、TPO（いつ、どこで、どんな形で）を自由に選択して働いても一定以上の仕事ができる、むしろ効率的にさえなる可能性も見える世界が来たわけです。

「自由と引き換えに、誰も正しさを決めてくれない時代」が来るのは必定だと私は考えています。

自由度と選択肢の多様化が、首がもげそうな加速度で進む中で、スマホの登場などで数年前から警鐘《けいしょう》が鳴らされていた**「集中が脅かされ続けている」**という状況は、さらに逃れようのないスピードで広がっていくはずです。

その中で、私もいろいろなことを90％ほどの確信で語ってきましたが、ずっとこの「集中が大事だ」という言葉に対して、

〝ある違和感〟

を持ちながらも、言葉にできずにいました。

ここまで「集中」について書いてきましたが、

「実は集中だけではダメなんじゃないか？」

「セルフマネジメントのハウツーだけではどうにもできない世界が来るんじゃないか？」

そんな疑問が頭から離れなくなったのです。

なぜ「集中」だけでは十分ではないのか

「集中」という言葉に、便利さと伝えやすさを感じてきた一方で、集中で表現できる領域には「限界」があるような気がしてきたのです。

そして実は、ここからが本書の本題です。

先に結論を言うと、集中の上位互換は、

〝夢中〟


なのではないか。

そのように私たちはチーム内で話すようになりました。

「集中」という言葉にどんな語感があるかというと、

「（やりたくないけれど）**集中しなければ**」

というように、子どもが親に「勉強しなさい」と叱られるときのような「受動的スタンス」が見え隠れします。

私たちの研究の結果では、本当に集中力が高い人は、「集中しなければ」などという受動的な感覚は持っていません。

仕事を仕事だと思っておらず、理由を説明できないくらい目の前のことが楽しくてしょうがないようなタイプの人が多いのです。

ただ目の前のことに集中できるハウツーだけでなく、起業家やアーティストのように、「夢中」で働くにはどうすればいいのか。

そんな、集中のさらに先にある「夢中＝深い集中」を取り戻すまでの戦略を、この本では語りたいと思っています。

また、それは日本社会の失われた30年の課題とも通底することです。

日本が問題として抱えている課題、それは**「新しいことを生み出す仕事」の欠如**です。

日本企業の悪しき「文化」とは

私は、新卒のときには外資系コンサルに入りました。

そこでは、日本の大企業に対して「新規事業」のサポートをおこなってきました。

しかし、外部からのアプローチでコンサルがどんなにキレイな設計図を描いても、イノベーションが起こることは難しいのだと実感しました。

そこで、私自身が事業会社に入り、新規事業開発をおこなうことを目的に、今のJINSに移り、事業開発に勤しんでいます。

日本の企業の外側と内側。その両側から見てきたことから言えるのは、**今の状態では、日本から新しいサービスや商品は生まれにくい**ということ。

そして、その根本にあるのは、

「高い自由度を自ら作り、夢中で働く人が生まれにくい文化であること」

であると、確信をもっています。

日本においては、良くも悪くも優秀な人は大企業の中にいます。
そして、大企業は多大な内部留保を持ち、多くの企業がCVC[註2]を立ち上げても投資先に困るようなことが常態化しています。
また、多くの企業が新規事業開拓ミッションで人材募集をしています。

世間では、個人でリスクを取り、大きな成功を成す起業家（アントレプレナー）ばかりが目立ち、もてはやされている印象があります。
しかし、「ヒト・モノ・カネ・ジョウホウ」のどの視点から見ても、**企業内で起業家を目指す、という「イントレプレナー」の生き方**ができる人間が増えることが、日本経済の復興、つまりJAPAN AS No.1への近道に見えて仕方ありません。

私個人のライフワークは、自らがそのロールモデルとなり、日本企業内にイントレプレナーがあふれることで、結果、JAPAN AS No.1が実現することです。

社会に活力が出たり、そのプロセス内で、夢中な目をして遊ぶように仕事する人を増やすことが一番の目標です。

それを阻害《そがい》する最大の要因こそが、先ほどの「高い自由度を自ら作り、夢中に働く人が生まれにくい文化であること」なのです。

今の私がいる環境では、経営者の意志や集まっている社員のモチベーションが、シンプルに**「新しい当たり前を作ること」**にあります。

この環境をできるだけ増やしていきたいと思っています。

前半の「集中」の話と、ここまでの「夢中」の話が、コロナを発端とする働き方の変革によって、強いつながりを持っていると思うに至りました。それが、この本を書いたきっかけです。

どうせ生きるなら「能動的な人」になれ

「コロナによって、自由度の高い時代への変革期がやってきた。そして、それが緩《ゆる》やかに収束する前に、受動的な働き方を脱皮して、企業内起業家的な生き方を勝ち取ろう」

どの視点で見ても、自由になることはよいことである一方で、誰も決めてくれない大変さを内包しています。

江戸時代の日本では、どの藩に生まれ、どの階級に生まれ、どんな家業を与えられるか、ということで生き方がほぼ決まっていました。

それが、幕末になって黒船来航とともに根本的な価値観がゆらいでしまった。その状況に近い時代が、今、来ているのではないでしょうか。

幕末といえば、奮闘する志士ばかりが目立っていますが、その歴史の狭間で変化についていけずに苦しんでいた人が大半だったことでしょう。

できれば、大きな時代の変革期に**「能動的に動く側の人」**になっておかないと、生きていてつまらないと思えてならないのです。

「集中」と「夢中」をつなげる

さて、私の想いの表明はこのくらいにして、ここまでの話を整理しましょう。

一般的なビジネスマンが、起業家やアーティストのように「深い集中」状態で働くためには、「集中しなければ」などという受動的スタンスであるようでは難しく、能動的に「夢中」になることが重要です。

そのための方法を、この「はじめに」の最後で簡単に説明しておきましょう。

・集中：受動的スタンス

所属組織や周りの人間からの要請に応える「外発的動機」を基にした行為

・夢中：能動的スタンス

周りからの要請ではなく、自分の「内発的動機」に根差した行為

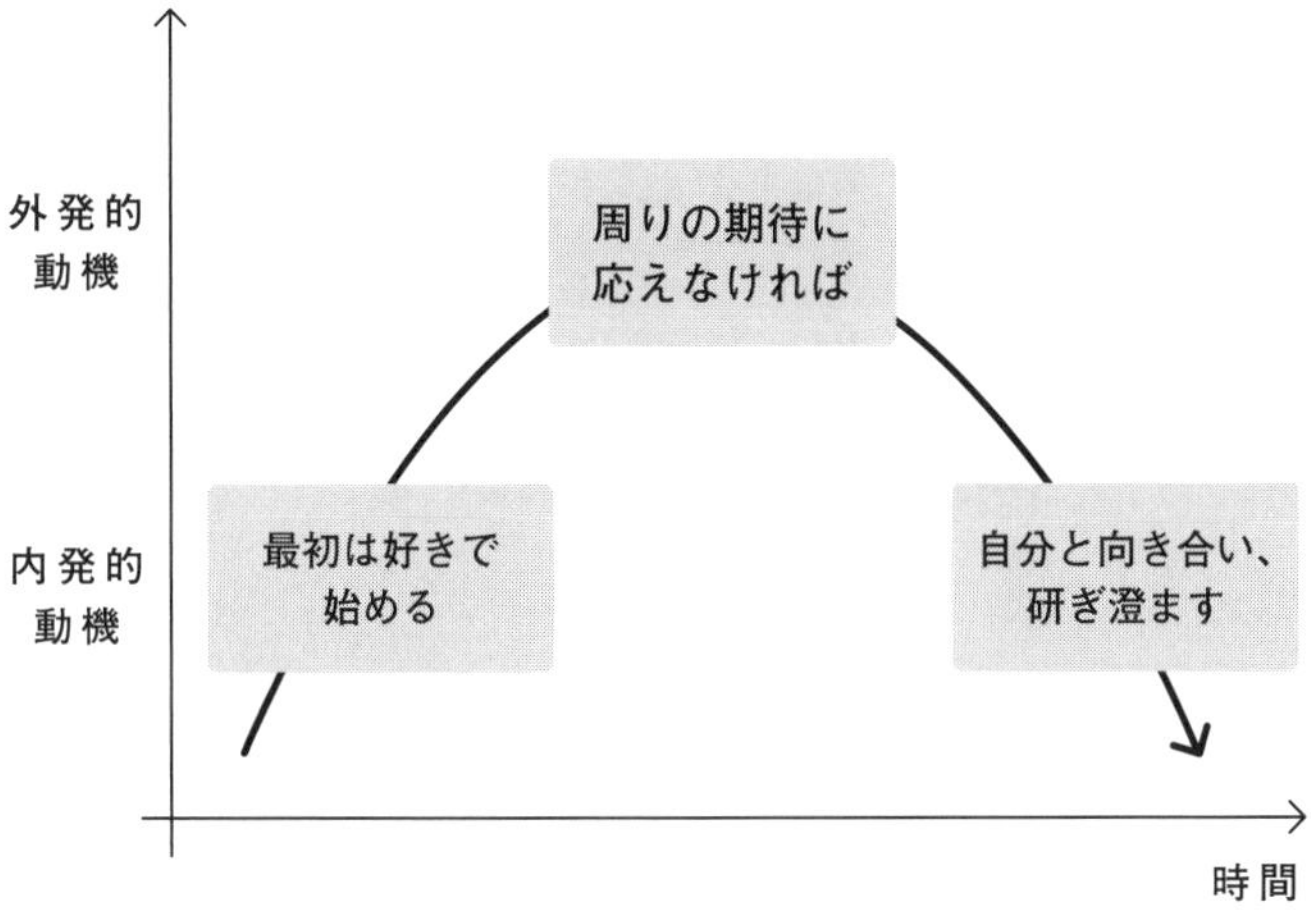

まずはこの定義を押さえてください。

この2つの違いは、「内発的動機」と「外発的動機」にあります。

アーティストやスポーツ選手は、深い集中、つまり夢中で物事に取り組んでいます。

彼らの一般的な生涯の動機の推移は上の図のようになることがほとんどです。

最初は、誰からの要請でもなく、「サッカーが好きだから」「ギターが弾けたらカッコいいから」という動機で、夢中になって自発的に趣味を特技にしていくフェーズがあります。

このときは明らかに、「好き」が理由になっており、内発的動機の塊《かたまり》として夢中で目の前のトレーニングをこなしていきます。場合によっては、周りから「なんでそんなことやってるの?」と言われることもあるでしょう。

しかし、その後、ある一定以上のレベルに達すると、周りから期待がかかるようになります。

「甲子園に行かなければ」「どこかの事務所にスカウトされなければ」など、外発的動機に圧されて「集中しなければいけない」というフェーズを迎えます。

さらにその先、極めた世界まで行ける数少ない人だけが、あるときに外発的動機から完全に解脱して、**「自分と向き合い研ぎ澄ます」**というフェーズに入ります。

彼らは、再び内発的動機だけを見て、その人にしか作れない世界を作っていくことになります。

多くの偉人のエピソードは、概ねこのストーリーを経ています。

あの頃の「夢中」を取り戻そう

偉人の誰もが、先ほどの3つのフェーズで偉業を成してきたことを、自分に置き換えて考えてみましょう。

1　始めること
2　続けること
3　極めること

このフェーズの中で、①始めること、③極めることにおいては、**「内発的動機で動く。つまり夢中になる」**ことが必要になります。

人が偉業を成すためには、「夢中」で始め、「集中」で乗り越え、「夢中」で極めることが肝心なのです。

この事実を古典的名著『7つの習慣』で語られる、「重要度×緊急度」のマトリクスを

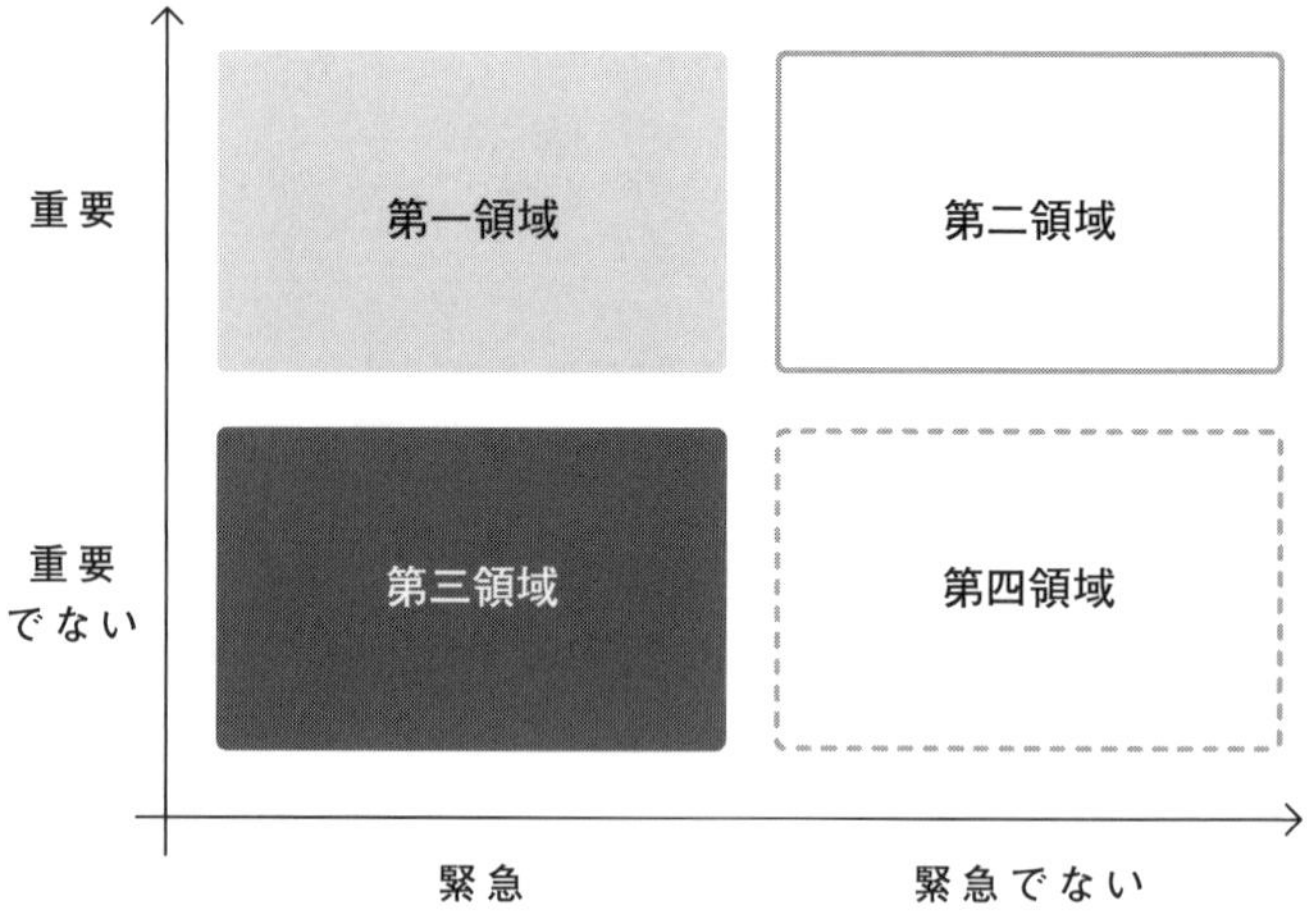

基に確かめていきましょう。

上の図において、多くの人は、「第一領域」に追われ、「第二領域」をおざなりにしてしまいます。

緊急度は、社会や組織、周りの人間という外的な環境が規定します。つまり、第一領域をおこなう動機は基本的に外発的動機です。

ここで必要な能力は、すでに発掘された課題に対する「課題解決能力」であり、そこに必要なのが「集中」なのです。

それに対して、第二領域の「緊急度が低い状態」というのは、外的な環境がまだ重

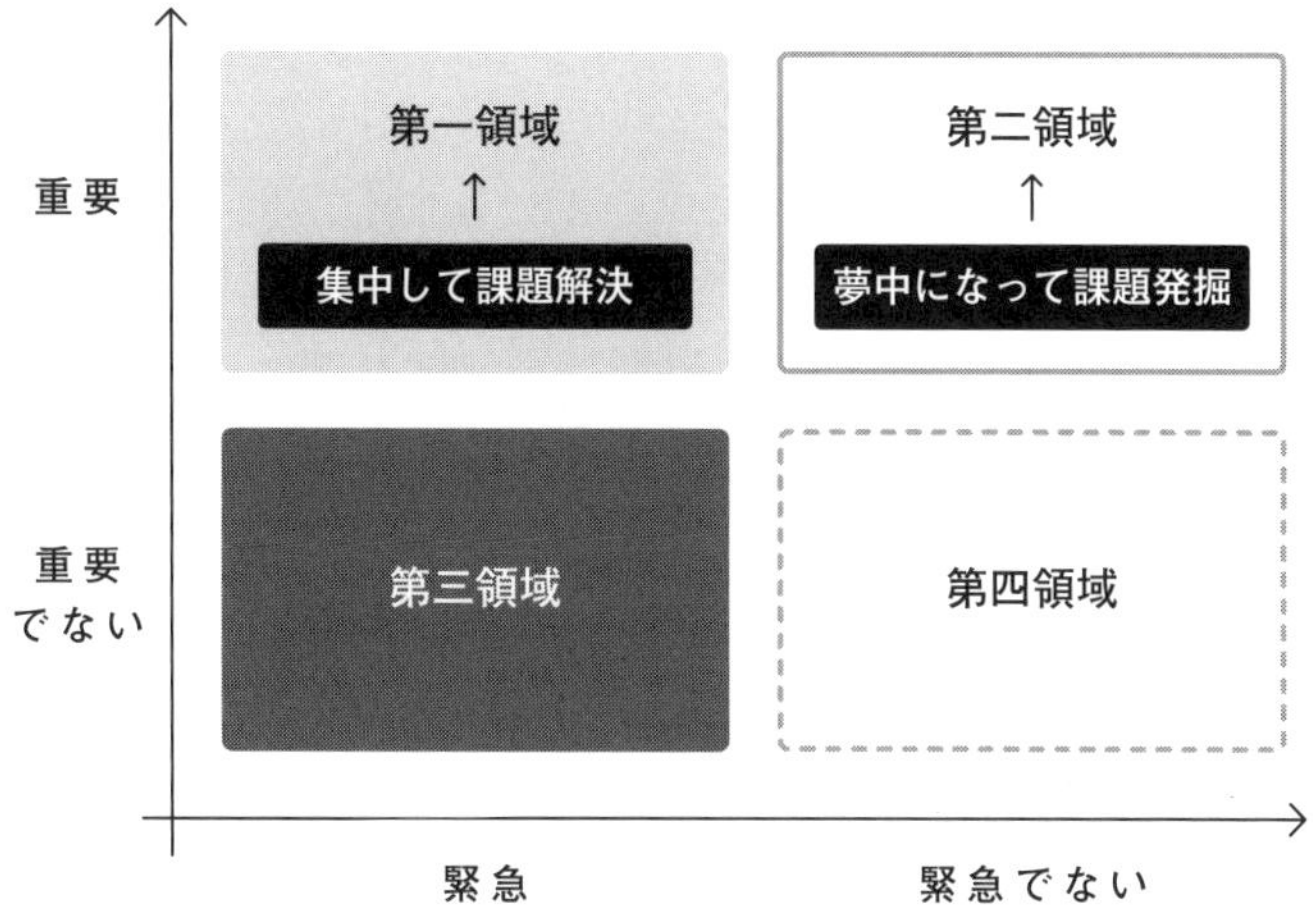

要性に気づいていないことを表しています。

　ここには外発的動機が働きません。

　つまり、自分では重要だと思っているのに、誰も「これをやれ」とは言ってこないわけです。

　そんな第二領域と向き合うためには、**「自ら課題を発掘し、それが重要だと気づき、意味づけをし、向き合う」**という内発的動機を発揮させる必要があります。

　この向き合う力が「夢中」であろうと考えます。

　今後の世界では、人工知能などが急速に進むことは確実で、すでに発掘された課題の「解決」は、多くの場面で効率化・機械化されていくことでしょう。

そのような世界で、知的生産活動をおこなう人々にとって重要なのは、第二領域に向き合う「課題発掘能力」とそれを発揮する「内発的動機」、つまり「夢中」な状態を取り戻すことではないでしょうか。**何も言われなくても自ら取り組んでいたあの頃の「深い集中」を取り戻すことなのです。**

今後の世界で重要になるスタンスは、間違いなく、能動的に自分で夢中に向かうスタンスです。それは、集中から受動的スタンスを取り去り、能動的な要素を足した状態である必要があります。

たとえ会社員であっても、与えられた課題を解決するだけではなく、自分が夢中になれる課題自体を定義し、真剣になる。

そんな生き方をするきっかけを、この本に詰め込みました。

それでは、はじめましょう。

井上一鷹

深い集中を取り戻せ　目次

はじめに

序章

「1つのこと」に集中するための考え方

――個人のスタンスと最重要キーワードの整理

第1章

「深い集中」を取り戻す

——「個人が今すぐ変えられること」からはじめる

目次

第2章

「1人で集中できる場所」を取り戻す

──「いつ、どこで働けばいいのか」を決める

第3章

「夢中で働く自分」を取り戻す

——「誰と何をやるか」を問い直す

終章

「場所に縛られない働き方」がもたらす効果

序章

「1つのこと」に集中するための考え方

――個人のスタンスと最重要キーワードの整理

誰もが「集中」のことを考えた瞬間

「日本のオフィスワーカーは、非効率的で生産性が低い」

そのような議論は、コロナ騒動が起こる遥か前から始まっていました。

「働き方改革」が叫ばれ、リモートワークの推進や、ムダな会議の削減など、やるべき課題は出揃っていました。

そして、2020年、新型コロナウイルスの感染拡大防止のため、緊急事態宣言が発令されました。多くの企業が、ようやく重い腰をあげ、リモートワークを取り入れました。

まずは、緊急事態宣言での仕事に対する「反応」を見ていきましょう。

次の4つの要素によって、個人の課題は変わったはずです。

個人の課題	よく聞く事例
①家族構成	・家族との領土争い系 書斎として使える部屋を夫婦で奪い合う ・リモート会議時の育児問題系 子どもがマネをして入りたがる
②環境整備の度合い	・フィジカル系 家のイスがつらい。腰痛に悩まされる ・メンタル系 8畳ワンルームで布団やベッドが目に入るから「オン」になりにくい。夜は「オフ」になれず、いつも仕事のことを考えてしまう
③仕事へのスタンス	・メンタル系 なんとなく自分のやっている仕事に貢献を感じない。自分のペースで取りかかれるため、先延ばししてしまう
④会社の人との関係	・スラハラ上司系 監視してくる上司へのいら立ち。場の空気で仕事をしていたので、どのくらい頑張ればいいかわからない

1　家族構成
2　環境整備の度合い
3　仕事へのスタンス
4　会社の人との関係

それぞれに、よく聞く悩みの事例を上にあげています。

対処法については後述するので、まずは自分には何が当てはまったのかを確認してみてください。

リモートワークに対する各人の反応が大きくズレたのは、「1　家族構成（横軸）」と「3　仕事へのスタンス（縦軸）」です。

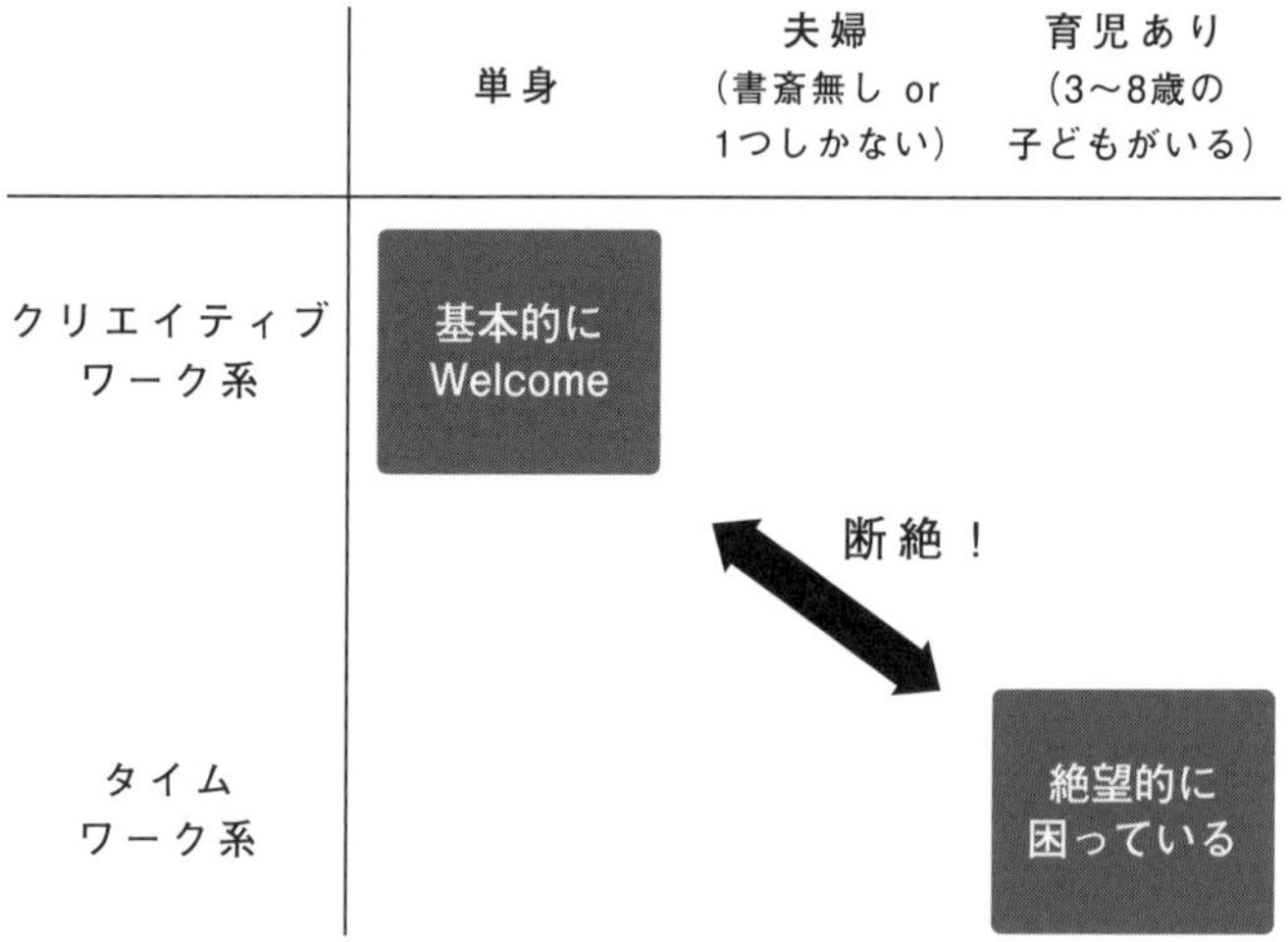

上の図のように、ポジティブとネガティブの真逆に分かれました。

たとえば、私は左上のゾーンにいるので、よいことしかありませんでしたが、多くの人をヒアリングすると、「共働きで、お互い在宅勤務で、育児あり（緊急事態宣言で保育園は休園）」の人の悩みは本当に深刻でした。

実際に、私たちが測定した結果でも、この仮説通りの結果が出ました。

それが、次ページの図です。

この数値は、「JINS MEMEが測定した「集中している時間の長さ」が実際の仕事時間の

リモートワークで集中できている時間の割合

	単身	夫婦（書斎なし or 1つしかない）	育児あり（3〜8歳の子ども）
環境よい	65〜85%	42〜55%	該当回答者なし
環境悪い（机やイスがリビング用など）	46〜56%	26〜36%	25〜40%

うち、どの程度の割合になっているかを表したデータです。

オフィスなどの職場では、50％程度になるのがこれまでの統計データでわかっています。

この実験では、「環境よい×単身」の私は、65〜85％という結果です。つまり、**もはやオフィスに行く必要はまったくないレベル**です。

また、「環境悪い×単身」「環境よい×夫婦」であれば、**オフィスとほぼ同等レベル**で集中できていました。

問題なのは、「環境悪い×夫婦」「環境悪い×育児あり」の領域です。

こちらに関しては、**完全に仕事に支障が出る**

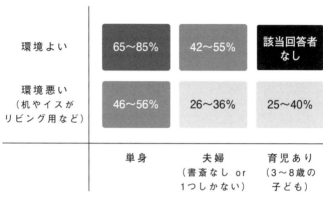

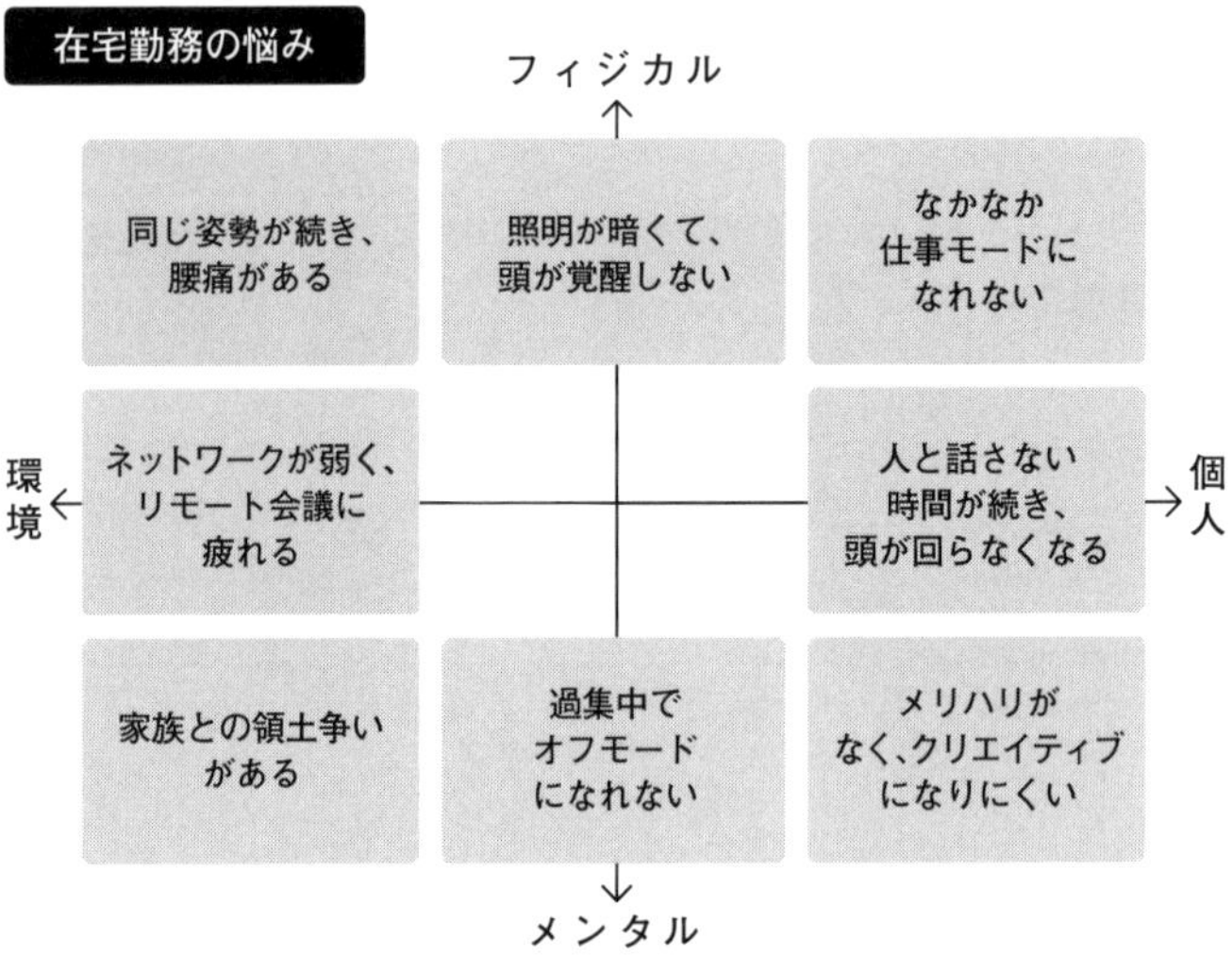
在宅勤務の悩み
フィジカル
同じ姿勢が続き、
腰痛がある
照明が暗くて、
頭が覚醒しない
なかなか
仕事モードに
なれない
環境
ネットワークが弱く、
リモート会議に
疲れる
人と話さない
時間が続き、
頭が回らなくなる
個人
家族との領土争い
がある
過集中で
オフモード
になれない
メリハリが
なく、クリエイティブ
になりにくい
メンタル

レベルの集中度であると、計測データでわかってしまいました。

環境が生み出す8つの悩み

いずれにしても、「環境のよさ」を作り出すことは必要になってきます。

そこで重要なのが、先ほどの4つの要素の「2　環境整備の度合い」です。

ザッと要点を押さえておきましょう。

上の図は、横軸が個人と環境、縦軸がフィジカルとメンタルを取り、それぞれに代表的な悩みを紹介しています。

いくら個人の力で仕事モードになれたと

しても、環境についての「同じ姿勢による疲れ」「リモート会議疲れ」などがあれば、集中は乱されます。

照明や家庭環境が整っていても、同じ部屋で同じ景色だと、「クリエイティブになりにくい」という悩みも出てきます。

深く集中するためには、何か1つを改善すればいいわけではなく、さまざまな面から対処しなければならないのがわかっていただけることでしょう。

緊急事態宣言によるリモートワークを経験した人なら、どれかは当てはまる課題なのではないでしょうか。

以上、環境や家族構成に関する課題は、重要で、かつ深い問題を抱えていることがわかっていただけたでしょう。

今やっている仕事に「意義」はあるか

集中して働くことができないもうひとつの原因は、特に日本が内包している課題です。それは、９〜17時で出社していること自体に、労働対価をもらっているスタンスの「タイムワーカー」が多くいることです。

もちろん、国全体で解雇規制が強く、メンバーシップ型[註3]の雇用形態を続けてきたことにも問題があります。ただ、社会システムの課題を考えても、個人の生存戦略には何の意味もありません。

ここでは、タイムワーカー的な仕事の仕方が良い悪いと議論するのではなく、**その方々の「自己肯定感」が満たされていないこと**を押さえましょう。

やっていることへの「無力感」の正体

今やっている仕事に満たされない思いがある場合、これは、管理する側の問題です。うまく課題を切り分けて、遠隔でもメンバーに課題を渡すことができる管理者がいれば、タイムワーカー的な働き方にも、効率的に価値を生み出し続けられる可能性は残っているでしょう。

しかし、そういう管理者が育っていない場合は、タイムワーカー的な働き方の人たちが苦しみます。そんな声もリモートワークを取り入れた企業から、たくさん聞こえてきました。

コロナ禍の対応で非日常業務が増えて、マネジャーがその対応に追われていることが多くあったようです。そのため、指示を受けて仕事をするタイムワーカーの手が空いてしまうことも課題として現れました。

その結果が、「**いま、自分は何の役に立っているんだろう？**」という無力感であり、貢献感や自己肯定感を著しく失っている原因でした。

それが、「個人の集中」にも関係してきます。

自分の仕事が、組織や事業全体のどこに紐づけされていて、何のために必要なのか。それを認識できないまま、目の前のことに没頭するなんて不可能でしょう。

管理者の側はそれらをメンバーに伝える力が大事になってきますし、メンバーの側は意味を探し求める必要があるのです。

「役立っている」という実感

Mr.Childrenの『彩り』という曲の冒頭を知っているでしょうか。

「誰が褒めるでもないけど（中略）僕のした単純作業が（中略）まだ出会ったこともない人の笑い声を作ってゆく」

そんな歌詞です。

在宅勤務で1人で単純作業をしているときに、仕事の意義に納得できずに仕事をし続けても、そこに幸せを感じられるわけがありません。

同じオフィスにいて、チームで細かく擦り合わせができるような状況であれば、なんとなくでも、人の役に立っている感覚は得られます。

しかし、テレワークでのマネジメントでは、**人の承認欲求は満たされず、いろいろなところに破綻をきたすようになりました。**

これまで、よくある島型のオフィスでは、お互いが話しかけ合ってマイクロマネジメントがおこなわれてきました。

そんなチームにおいては、在宅勤務の影響は大きいです。

一般的なオフィスでは、人は「11分に1回」も話しかけられていました。そのコミュニケーションに替わる方法は、スラハラのような監視するマネジメントであってはなりません。

以上からも、45ページで見た4つの要素は、個人だけでなく、チームにとっても考えざるを得ない問題だということがわかっていただけたでしょう。

集中を取り戻すための「3つのキーワード」

前置きが長くなりましたが、ここからが本題です。個人やチームが「深い集中」を取り戻して能動的に働くために、必要なノウハウをお伝えしていきましょう。細かな解決策は1章以降になりますが、序章ではそのために前提となる知識を紹介します。

「効率的に働く」「気持ちよく働く（クリエイティブになる）」の両面において、断然よい働き方をするために、個人が何を考えるべきかを語っていきます。

「自分」を中心に考えよう

「これからは、人が動かなくなり、モノが動く時代になる」

そんな発想が大事になってきます。

「ボールを走らせろ、ボールは疲れない（ヨハン・クライフ）」という名言もありますが、**自分が働くことを軸にして、働き方を考えていく必要があります。**

つまり、会社に合わせるのではなく、「自分」主体になるのです。

有名な独立研究者の山口周《やまぐちしゅう》さんは、「知的生産活動において、社員の脳みそは工場。これまでは工場を物理的に動かすというムダをしていたことに気づくべき」という趣旨のことを仰っていました[註4]。

令和になってから生まれた子どもたちが、「お父さんお母さんの時代って、仕事をするのにわざわざ満員電車に乗っていたんだってね。不思議なことするよね、昔の人って……」ということを話す未来は、容易に想像がつきます。

では、軸となる「自分」が最高のパフォーマンスを上げるためにはどうすればいいのか。「集中力の要素分解」「3つの脳の切り替え」「時間管理の基本戦略」という3つの概念を紹介します。

この3つによって、フィジカル・メンタルの課題やクリエイティブワークへの障害などの問題に向き合います。それぞれ詳しく説明していきましょう。

キーワード1

「集中力の要素分解」立ち上げ・深さ・持続力

「集中力」という言葉がよく使われます。

「自分には集中力がない」「最近、集中力が落ちてきた」など、とても便利な言葉ですが、そこにはさまざまな意味が込められています。

まずは、「集中力」の要素を分解してみましょう。

・立ち上げ速度（「よし、やるぞ」）
・集中の深さ（「集中できてきたな……」）
・集中の持続力（「まだまだいけそうだ……」）

この3つに分けることができます。

私たちがおこなったアンケート調査では、多くの人は「立ち上げ速度」で悩んでいました。

みなさんにも、**仕事を始めるまではすごく嫌でやりたくない気持ちだったのに、いざ始めてしまうと、そんなに嫌ではなくなってくる感覚**はないでしょうか。

人の脳は、切り替えるタイミングには負荷がかかりますが、作業をし始めてしまうとあまりつらくなくなるものです。

詳しい対処法は、「ルーティン」の作り方として1章で語りますが、意志を妨げる障壁を下げる行為を簡単に説明しておきましょう。

スタートダッシュは「単純作業」で

デスクのPCの周辺には、**仕事に関係のないものをあまり置かないようにします**。

そして、すぐ仕事に取りかかれるように、最初に作業したい内容を開いた状態で、PCを開きっぱなしにしておくことが大事です。

前日の夜や、朝の食事の前など、仕事に取りかかる前の段階で、その準備をしておきましょう。

私自身は、朝、最初に仕事に取りかかるのが億劫《おっくう》なタイミングに、ＰＣが起動している状態になっているようにしています。

そして、作業を休むときも、**あえて単純なタスクの中途半端なところで中断するようにしています。**こうすることで、次のタイミングの仕事のスタートが単純作業になり、集中の「立ち上げ速度」がアップします。

簡単なことを小さく始める。これは、他の本でも紹介されているかもしれません。しかし、基本中の基本には、やはり王道しかありません。

最初から難しいことを「よーし、やるぞ」と始めないようにしましょう。

集中の「途中」で何を考えればいいのか

集中を妨げるのは、今、向き合っているタスク以外のタスクです。

ついチャットを確認し、返信したり、気になった記事を読んだり、他のタスクが気になって連絡を取ったり……。

そういった脱線も、じつは価値のあることです。

「マインドワンダリング（心の迷走）」という認知科学の概念があります。これは、アイデアを発想するときには意味を持ちます。

しかし、目の前の集中は乱されて、心がふらふらしている状態です。

だから、他のことに反応せずに、見えているタスクだけに向き合うことが必要です。

詳しい技法は、1章以降で述べますが、「決まった時間に、あらかじめ決めたことをやる」ということ、それ以外に王道はありません。

また、深い集中状態では、目の瞬きの回数は、安定しています。

スマホゲームなどをしていると、目が疲れますが、それは瞬きの回数が減っている「過集中」の状態になっているからです。

本書の「深い集中」とは、エナジードリンクを飲んで短期で追い込みをするような「過集中」とは性質が異なります。

集中が持続してきたら、**「瞬きが少なくなっていないか」「心が平静になっているか」**を振り返るようにしてみてください。

キーワード2

「3つの脳の切り替え」理性・直感・大局観

また、仕事をスタートさせる方法はとても大切ですが、それればかりが重要視されていて、**「終了のタイミング」**がおざなりにされがちです。

リモートワークの難点は、常に「なかなか仕事から離れられない感覚に陥る」という点です。ですから、集中を終わらせるタイミングにうまく仕事を「**切り離す方法**」についても考える必要があります。

よく、「脳をオン・オフにする」という表現が使われます。

「仕事のときはオンにして、プライベートのときはオフにする」というようなことが言われます。

しかし、厳密には、脳のスイッチが本当にオン・オフになっているわけではありません。

その誤解をここで解いていきましょう。

ぼーっとしているときの脳の状態

たとえば、睡眠時間は、脳がオフの状態になっているイメージがあります。

しかし、睡眠中も我々の脳は活動しています。

特に「**レム睡眠**」と呼ばれる、眼球運動を伴う浅い眠りのときには、記憶の定着をしています。もうひとつの「**ノンレム睡眠**」でも、後述する「デフォルトモード・ネットワーク」が活性化しており、アイデアが出やすくなっているとも言われています。

つまり、眠っている間も、脳はオンの状態なのです。

脳神経科学に精通している青砥《あおと》瑞人《みずと》さんは、次のように表現しています。[註5]

〝脳には大きく分けて、3つのモードがあります。

「デフォルトモード・ネットワーク」「サリエンス・ネットワーク」「セントラル・エグゼクティブ・ネットワーク」です。システムとして脳を捉え始めたのが近年の面白いトピッ

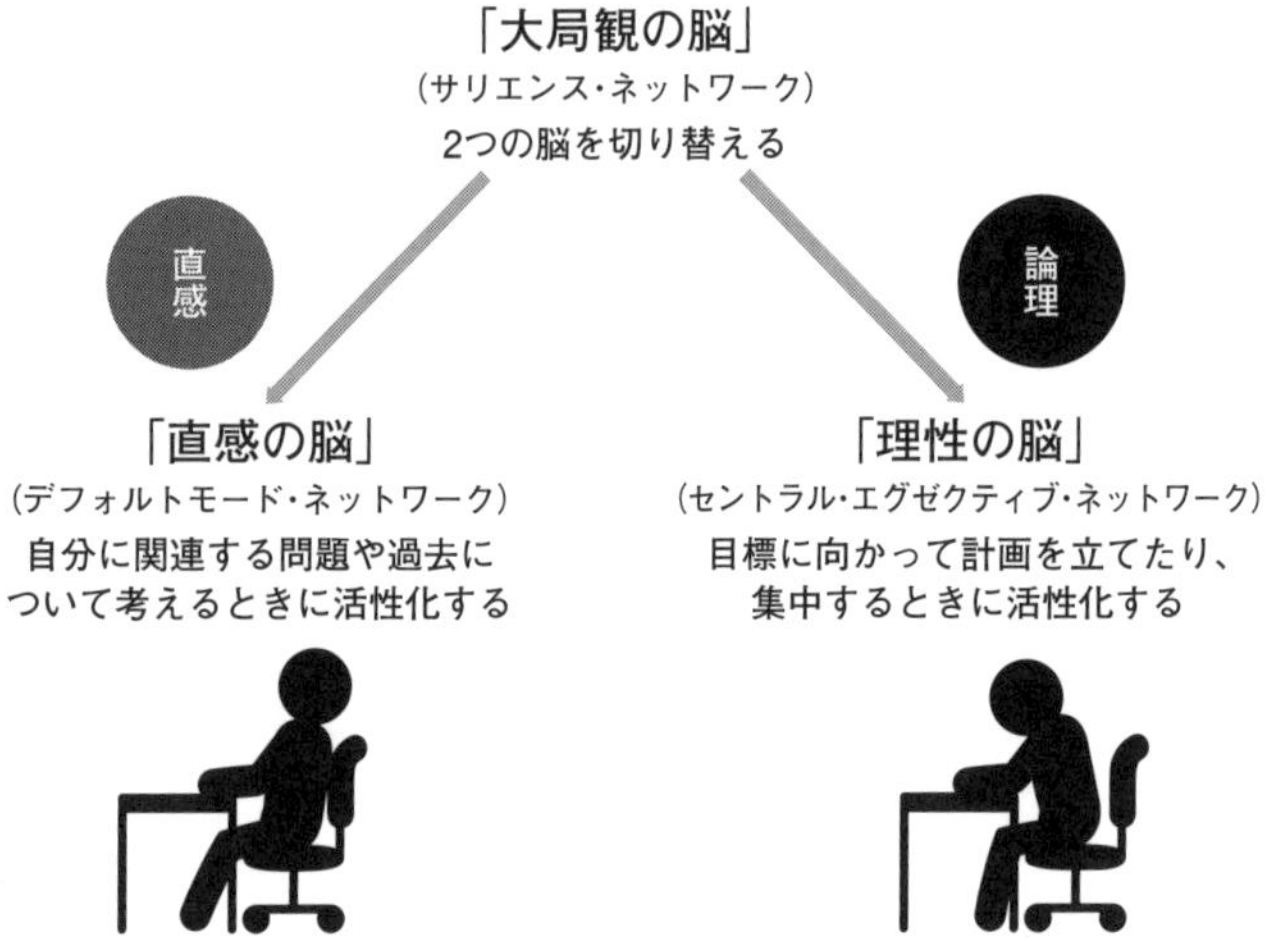

クです。

ここ10年で特に注目を浴びたのが、「デフォルトモード・ネットワーク」の存在です。特定の対象に意識を払わない、ぼーっとした状態、および、そのような状態を司る脳の回路を指します。

「意識していないけれど脳は機能している」という、いわゆる無意識下の状態における機能を説明する神経活動として、注目を浴びました。〟

このような話です。

これを私なりに解釈すると、上のような3つの状態になります。

これを受けて、予防医学研究者の石川善樹《いしかわよしき》さんは、「直感の脳が100のアイデアを出し、大局観の脳が3つに絞り、理性の脳が1つを選ぶ」という表現をされていました。

つまり、**3つの脳を切り替えるように1日を過ごすのが大事**ということでしょう。

しかし、リモートワークが続く自粛生活ではどうでしょうか。

いつも同じ部屋にいることで刺激が一定になり、同僚との雑談もなく予定通りの会議をこなすばかり。そんな日々を過ごすはずです。

このような状態では、「理性の脳」しか使っていないことになります。

そこから抜け出すには、脳に刺激を与えて「大局観の脳」から「直感の脳」へと切り替えることが必要です。

家の中でも、できるだけ「刺激」を多様にすることができないか。あるいは、アイデアを出すために「ゆとり」や「ゆらぎ」の時間を作る。

そのような過ごし方が重要になってきます。

二元論のオン・オフではなく、リラックスしたり新しいものに触れたりするような、

「攻めのオフ」を取り入れるようにしましょう。「攻めのオフ」は、自分の中に異なる脳を召喚する大事な儀式だと気づく必要があるのです。

この「攻めのオフ」のためには、「**作業とは異なる刺激**」が必要不可欠です。

音楽を聴いたり、YouTubeなどを見たりして休む人が多いでしょうが、目と耳を使って仕事をしていることが多い現代人にとっては、それらは仕事中の刺激と種類が近くなります。

「視覚・聴覚以外の五感を刺激すること（風にあたる、風呂に入る、アロマを嗅ぐなど）」や「静から離れ、動の状態を作ること（歩行、筋トレ、反復運動など）」を取り入れましょう。

また、これらの刺激にも「慣れ」が生じてしまうので、複数のものを楽しんで使い分けることが重要です。そうすることで、リモートワークはオフィスでの仕事よりも断然クリエイティブになる可能性が高まるでしょう。

キーワード3

「時間管理の基本戦略」ワーク・セルフ・リレーション

最後のキーワードが、「時間管理の基本戦略」に関することです。

「仕事とプライベート」という分け方が一般的ですが、もう少し解像度を高めて時間管理をしたほうがよいという提案です。

在宅ワークによって顕在化された大きな課題は、「**家族との領土争い**」や「**家族や仕事の人間関係の問題**」などです。

多くの人にヒアリングすると、離婚や夫婦不和を耳にすることもしばしばで、大きな問題になってきていると感じます。

どう対応すべきなのか、その考え方を紹介します。

「家族・友人との時間」と「1人の時間」

IMD business school 北東アジア代表の高津《たかつ》尚志《なおし》さんと、あるカンファレンスでご一緒したときの話です。

そのカンファレンスでは、働き方に関しての考え方をパネルディスカッションしました。

そこで高津さんが次のように表現していました。

〝働き方を考えられるのは、生き方を決めた人間である。「ワークとセルフとリレーション」の割合と、それぞれのリソースを、自分が本当に大事に思っているものに向けられているか。それを問え。〟

そのような話でした。その3つの概念を押さえておきましょう。

・ワーク：仕事に集中する時間

・セルフ：自分1人の時間
・リレーション：家族や友人などと過ごす時間

この3つは、どれか1つが重要だという話ではなく、**3つすべてが必要であり、すべてに意識的に時間を振り分けるのが大事だ**ということです。

私の場合、次のようにリソースを割くようにしています。

「ワーク」は、仕事過多ではあるものの、1日10時間程度に抑える。
「セルフ」は、仕事が趣味のような生活ではあるが、中古マンションを購入して、リノベーションして過ごす。
「リレーション」は、飲み会や会食は徐々に減らし、身近な人との時間を増やす。

こうして決めておくだけで、日々の過ごし方が変わってきます。
この3つの分け方は、在宅勤務だけではなく、人生において大事な考え方なので、一度、ぜひ振り返ってみましょう。

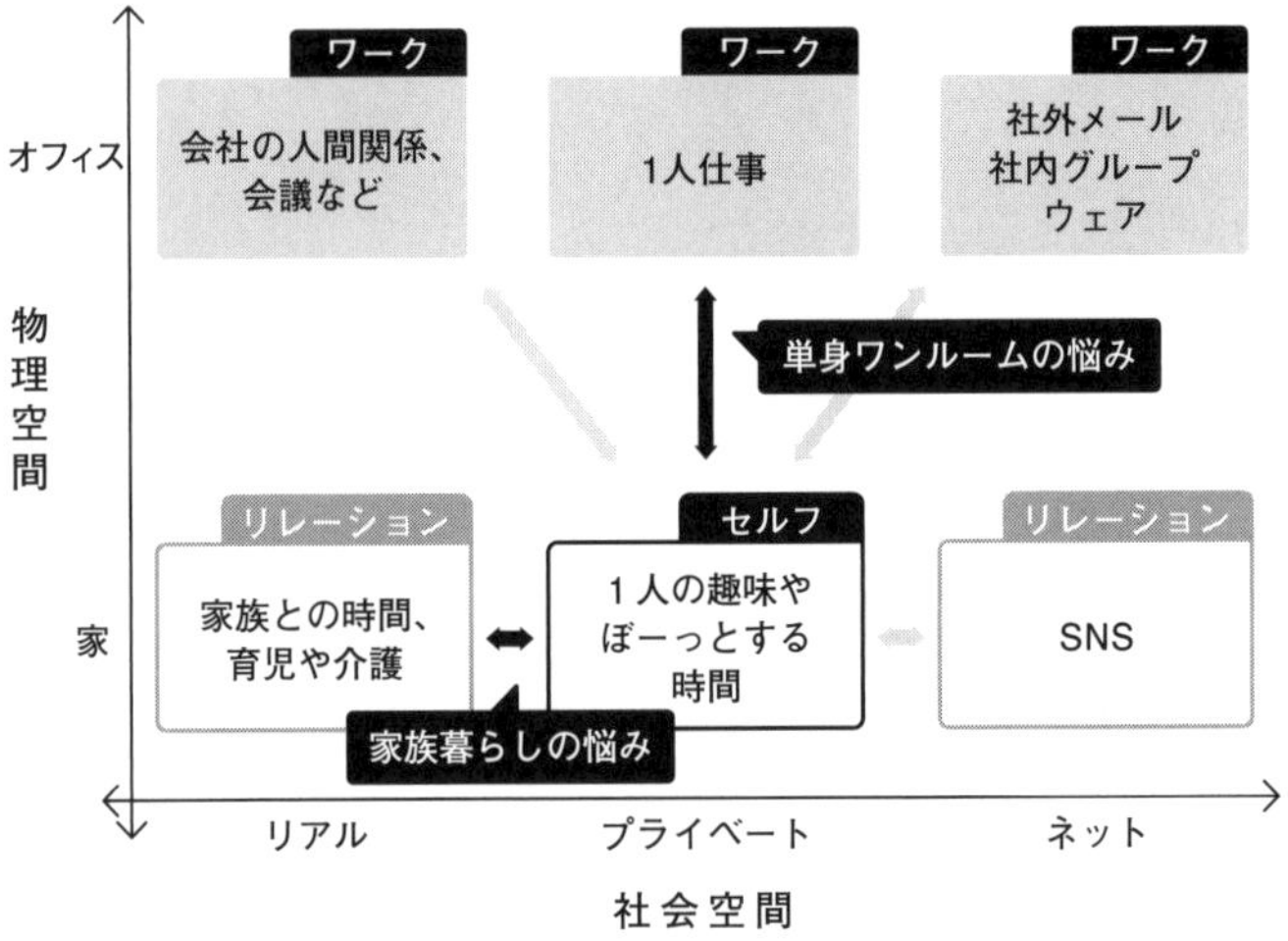

時間と空間を「担保する」という発想

在宅勤務での大きな問題は、**「ワーク・セルフ・リレーション」の境目がぐちゃぐちゃになること**です。

上の図を見てください。

まず、「ワーク」がオフィスから家に侵食してきました。

そして、そこでのリモート会議などが、家族との「リレーション」の空間に影響を与えました。

また、ネットにも常につながっている状態です。

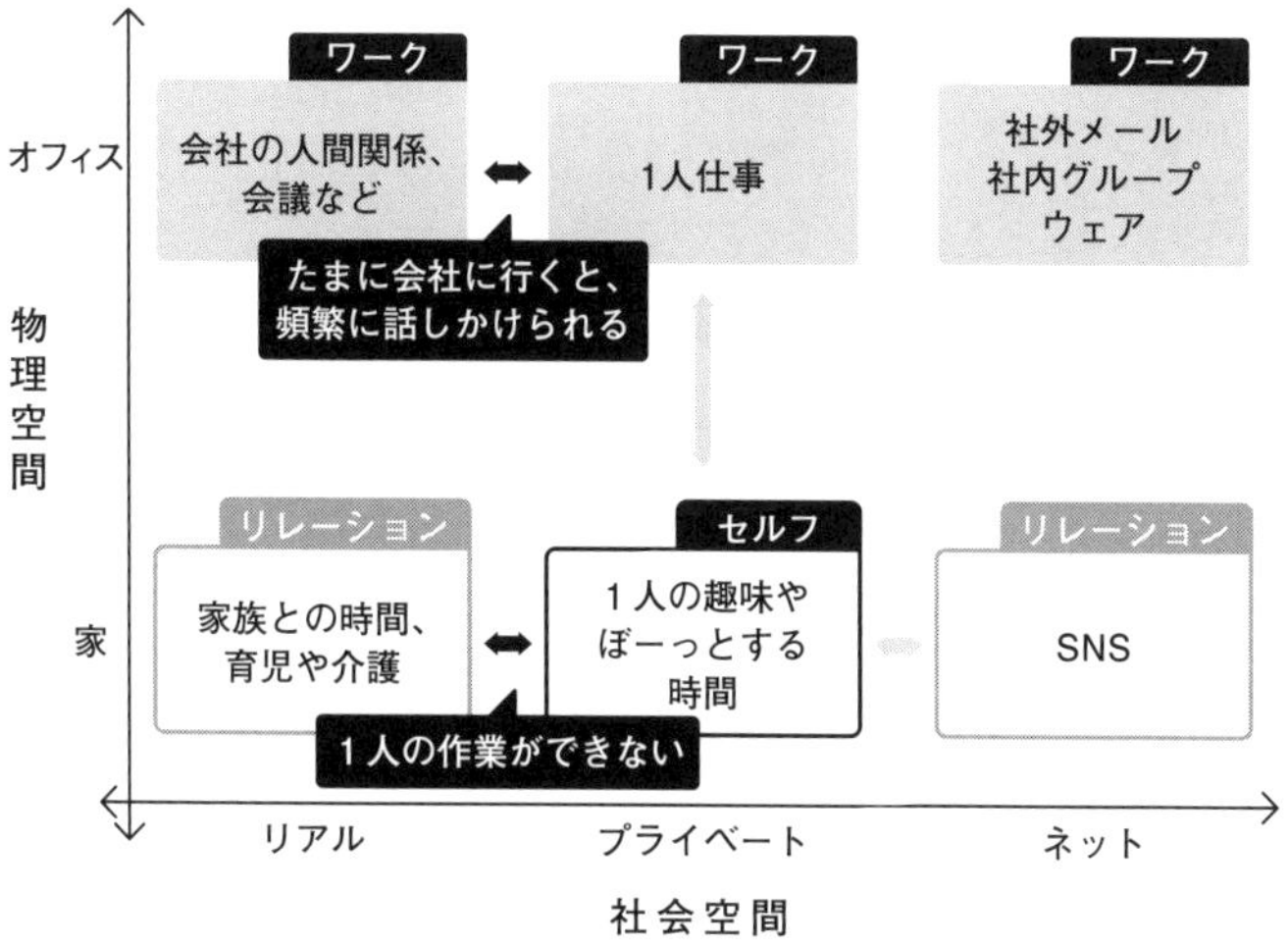

先ほども述べたように、３つの時間はすべてが大事です。

それなのに、「同じ時間」に「同じ空間」で同居してしまうことが問題なのです。

すごくシンプルに言うと、「ワーク・セルフ・リレーション」をそれぞれ充実させるためには、お互いが不可侵な時間と空間を担保する必要があります。

つまり、「**ここでは仕事しない**」「**この時間は自分のことだけをする**」と決めて、それに「集中する」ということです。

１つ１つを濃密な時間にするためには、それぞれのよい点を際立たせるための「間」が必要なのです。

この「間」という表現も、石川善樹さんからの影響ですが、一緒に議論したときの内容から話を広げていきます。[注6]

〝「人間」という存在自体が、ひとつの「間」を体現しています。その間が壊れるから「間抜け」になるし、壊れた間を直すために「間つり（祭り）」というものがあったりする。そして僕はどうも、「人と人の間＝人間」に一番興味があるようなのです。

ただ、人間に直接アプローチしようとするとすごく大変です。だから、「三間（さんま）」と言われる「時間」と「空間」と「仲間」というテーマを通じて、人間の在り方に迫っていく――それが、僕がやろうとしていることなのだと思います。〟

このようなことを話し合いました。

つまり、「ワーク・セルフ・リレーション」の間を、間抜けにならぬように、きれいに設計するためには、66ページで紹介した高津さんの言葉のように、時間配分から考えることが重要だということです。

その上で、石川さんの話にあるとおり、「空間」「仲間」との間の取り方を設計していくという流れで考えることが大事なのです。

簡単にまとめましょう。

・時間：時間ごとに、「ワーク・セルフ・リレーション」のどれを大事にするか、何をやるか、何をやらないかを決める
・空間：「ワーク・セルフ・リレーション」を区切るための空間を環境設計する
・仲間：人が動かない時代に、大事な仲間が誰で、どうつながるかを設計する

これを一度、１週間単位などで整理してみることです。

どこか1つに極端に偏っているとしたら、バランスをとれるように考えてみましょう。

隙間時間にいかに集中するか

ここまでは時間管理のポイントについて説明しました。しかし、そう簡単には乗り越え

られない課題もあります。

それは、「育児・介護」を抱える家庭の場合です。

特に、育児の悩みは、先ほどの1週間の設計どおりに子どもは動いてくれないので、精神論ではどうしようもない問題があります。

あまりにも解決策が見えにくい領域ではありますが、

「設計できないものは、隙間時間での対応スピードを上げるしか方法はない」

と考えるべきでしょう。

・子どもが『アンパンマン』に集中してくれた数十分
・昼寝をしてくれた数十分

そんな短い時間やタイミングに、57ページのように「立ち上げ速度」を意識して「ワーク」の時間を再現する仕組みが求められるでしょう。

それだけ、「ワーク・セルフ・リレーション」を意識して時間を割いておくことが日常的に大事なのです。

さて、ここまで、以下の3つの前提となる考え方をお伝えしてきました。

・集中力の要素分解（立ち上げ・深さ・持続力）
・3つの脳の切り替え（理性・直感・大局観）
・時間管理の基本戦略（ワーク・セルフ・リレーション）

これらを基に、どうしたら個人が知的生産活動を気持ちよくおこなっていけるか、その解決策を1章から語っていきます。序章ではもう少し本書全体の前提を説明するので、気になる人は先に1章を読んでいただいてもかまいません。

働く場所の「将来」を考える

次は、2章に対応する前提知識についてです。2章では、「働く場所」と「働き方」の将来を考え、いかに深い集中で働くかを見ていきます。

まず、「働く場所」から考えていきましょう。

「○○社」という会社法人のシンボルマークを頭の中でイメージしてみてください。おそらく左のような「ビル」のアイコンを想像するでしょう。

我々、ビジネスパーソンは、「オフィスワーカー」とも呼ばれます。

しかし、アフターコロナ時代では、この呼称が確実に変わるでしょう。**オフィスに行くことが、社員である証明ではなくなるからです。**

「法人のシンボルマーク」と「個人の呼び名」が変わるのですから、大きな変化が起こるのではないかという実感が湧きますね。

そう言うと、「いや、それって東京や一部の都市の世界のことでしょう?」などと思う人もいるかもしれません。

たしかに、リモートワークの導入の度合いと実現するタイミングの違いなどはあるかもしれません。

入社から退職まで、一度も会社に行かないということは稀有《けう》でしょうし、一気にすべての会社がオフィスをなくすわけではありません。

しかし、大きな流れとしてその方向に動くことには変わりないでしょう。**毎日必ず始業から終業までオフィスに縛られるということはどんどんなくなっていきます。**

私の知るスタートアップ企業では、10人規模であれば、ほとんどがオフィスを返上しています。

付き合いのある大企業でも、今のオフィスの賃貸契約が何年なのかを経営層が気にしており、テレワークを基本としたワークスタイル導入に舵を切っている会社を多く見受けます。

これは、自社ビルを持っているような会社でも同じ力学が働くでしょう。

優秀な人ほどオフィスワーカーでなくなる

さらに、「オフィスがなくなっていく流れだ」と断言する理由は、２つあります。それが、

・生産性向上による競争力獲得のため
・優秀な人材の採用のため

です。

１つ目の生産性向上の観点では、オフィスの賃料と交通費の削減と時間あたりの生産性向上が明確なので、半分以上の仕事は確実にテレワークになります。

特別な発想をするための会議や、企業への帰属意識を高めるための仕組みとしてのみ、オフィスの機能が残るでしょう。

２つ目は、人材採用の観点からです。

今後、テレカン（リモート会議）が仕事のベースにシフトすることで、「付加価値の高い仕事をする人」が誰なのかが浮き彫りになります。

そういった優秀な人が、副業や複業をしやすくなる場所を求めることで人材の流動性が急激に高まることが予想されます。

優秀な人であればあるほど、より効率的に複数のタスクを回せる環境を好むに決まっています。それを用意できない会社は、採用に苦しむでしょう。

以上の２つの観点から、特に「知的生産活動系」の仕事をする人たちは、オフィスワーカーという呼び名とはかけ離れていくはずなのです。

どこでも働くし、どこでも遊ぶ時代

ここまでの話を踏まえて、押さえておきたいのは次の3つのキーワードです。

・「ファースト・プレイス」（自宅）
・「セカンド・プレイス」（職場）
・「サード・プレイス」（その他、居心地のいい場所）

働く場所がどうなるか、という問題は、私たちの事業Think Labの本領域でもあります。「サード・プレイス」という概念は、少し説明が必要なので、以下、引用します。

〝アメリカの社会学者レイ・オルデンバーグは、著書『ザ・グレート・グッド・プレイ

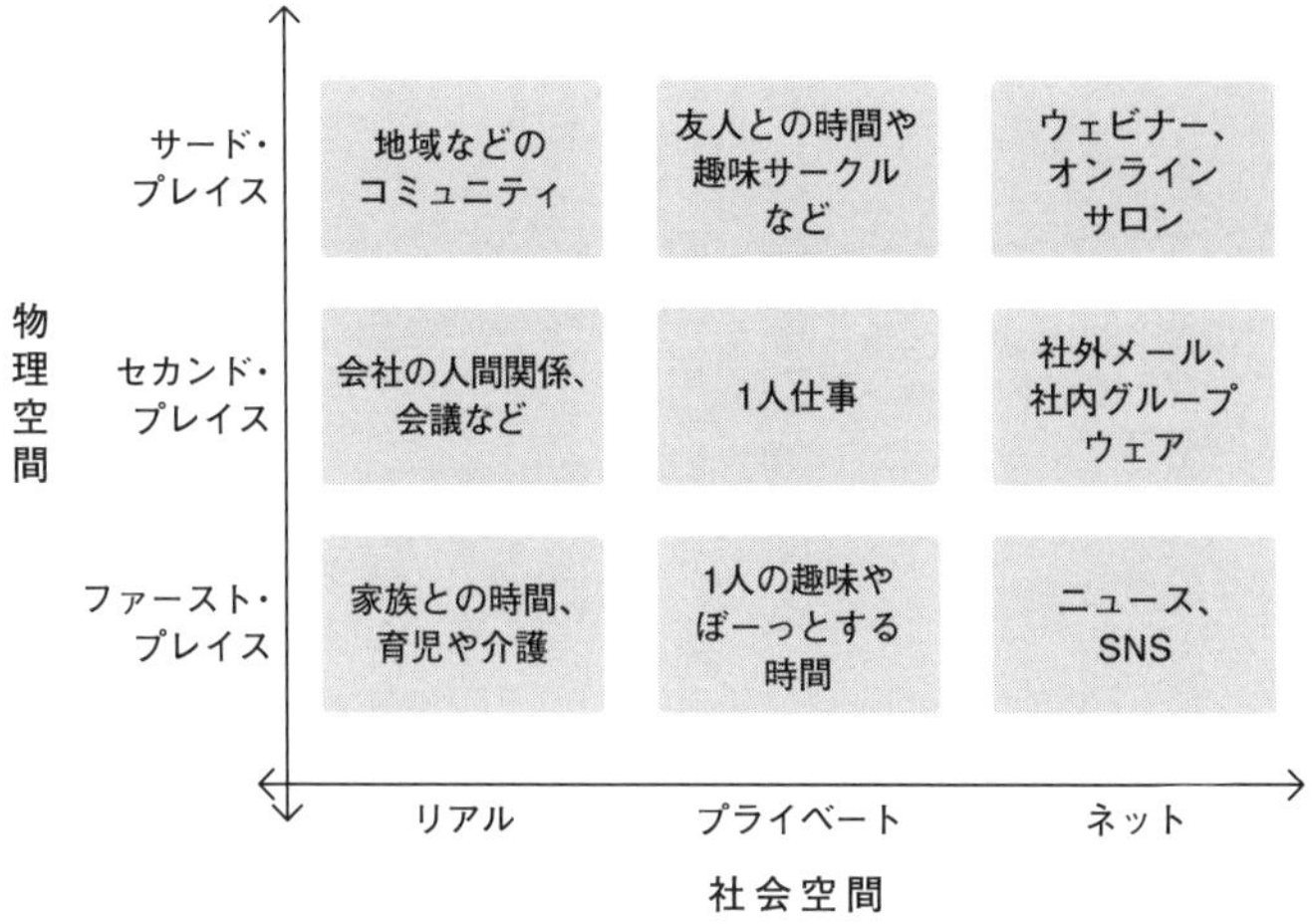

ス』で、「サード・プレイス」が、現代社会において重要であること、その場所に対する特別な思いなどを論じている。「サード・プレイス」はコミュニティライフのアンカーともなるべきところで、より創造的な交流が生まれる場所。[註7]〟

たとえば、私が過ごす時間で考えると、上の図のようになります。

３つの場所が物理空間としてあり、それぞれに「リアル・プライベート・ネット」の社会空間があります。

コロナ前で出社して仕事をしていた頃は、自宅では自分のオフのことをしていますし、仕事は会社でしていました。

さらに生活を充実させる役割を、サード・プレイスが果たしています。

いま、大きく変化しているのは、ここまで語ってきたとおり、**「セカンド・プレイス」のあり方**です。

ウィズコロナ時代では、セカンド・プレイスを縮小して、ファースト・プレイスに仕事場所を移しているのが我々の現状です。

それでは、3つの場所について順番に詳しく見ていきましょう。

ファースト・プレイス(自宅)は江戸時代に回帰する

これから先、自宅は、確実に多機能化・多目的化していくでしょう。

家族との時間や1人の時間を過ごすだけでなく、集中して作業したり、リモートで打ち合わせなどをしたりする必要があるからです。

そう考えると、**「すべての要件に対して70点くらいを取れるような場所」**を目指すのが理想です。

実はこれは、本来の日本家屋の在り方に回帰するということを意味します。Think Lab のメンバーである、quod の飯塚洋史《いいづかひろし》さんは、次のような考えを持ちます。

〝日本家屋は「布団」の文化で、朝には布団を畳み、そこで手作業系の仕事をこなしていました。つまり、プライベートと仕事が共存していました。だから、今後の家づくりは、江戸時代の日本家屋に学んで環境開発をしていくかもしれません。

ただし、江戸時代との大きな違いは、親と子が徒弟制ではないことです。昔は、親の仕事を子どもが幼い頃から手伝っていました。その機能はないので、「育児」の問題だけは大きく残ります。〟

66ページの「ワーク・セルフ・リレーション」を思い出してください。

いま住んでいる家は、それぞれの項目で70点が取れているでしょうか。もし、どれかの項目が著しく低いのであれば、見直すべきなのかもしれません。

セカンド・プレイス（職場）は縮小していく

セカンド・プレイスについては、ここまで述べてきたとおりです。オフィスでは11分に1回も話しかけられ、個人が作業に集中できるような場所ではないため、次のような変化が起こるでしょう。

・オフィスの機能が縮小していく
・テレカン文化が根付くことで多人数用の会議室がなくなる
・仲のよい会社同士でオフィスを開放していつでもどこでも働けるようになる

過渡期は、オフィスの賃貸期間が残っているため、会議室を中心に（簡易）リノベ需要が活発化するのではないかと考えられます。

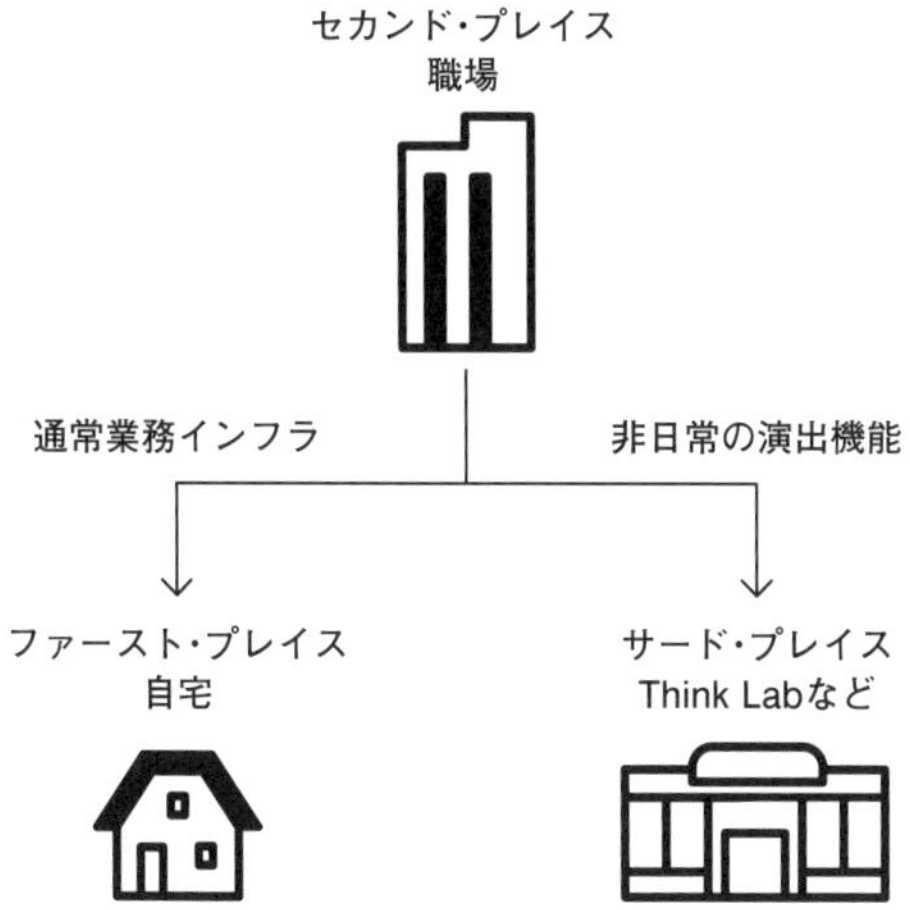

サード・プレイスは非日常を与える

私たちThink Labの元々のビジネスモデルは、「サード・プレイス」に軸足を置いていました。

人は、日常をファースト・プレイスのみで過ごすと、刺激が減り、クリエイティビティさが失われますし、単純につまらなくなってきます。

そんな中で、自粛期間中によく聞いたのが、**「どこでもいいからどこかに行きたい」**という言葉でした。

コロナの前には、バリや沖縄など、明確に「ここに行きたい！」という目的があったのが、ウィズコロナ時代には、「ここではないどこかに行きたい！」に変わったのです。

1つの場所にいすぎると、人は「非日常」に対する希求を強めます。

私たちが空間ビジネスに力を入れている理由は、ここにあります。

JINSでは「メガネを買いに行く場所」というだけにとどまらず、店舗での体験価値や空間演出に力を入れてきました。

そこでのノウハウは、さまざまなビジネスに応用できるでしょう。

オフィスでも自宅でもない「どこか」へ行きたい気持ち。それを満たす「わざわざ行く場所」には、非日常を演出する必要が出てきます。

今後は、より「サード・プレイス」のありがたさが顕在化していくでしょう。

「1人での集中時間」をどこで過ごすか

前項では「3つの場所」について説明しました。

それでは、それぞれの場所は、どんな変化をしていくのでしょうか。

まず、仕事のためのすべての機能が1ヶ所に集まっていたオフィスビル（セカンド・プレイス）は、その機能を一部だけ残して縮小します。

通常業務的なインフラは、自宅（ファースト・プレイス）に分化していき、非日常を演出してくれる仕事場という機能は、それ以外（サード・プレイス）に新設されていくでしょう。

「1人で集中する時間」を軸に考えると、基本的には自宅やサード・プレイスで時間を過ごし、それ以外の機能をオフィスに残すようになるでしょう。

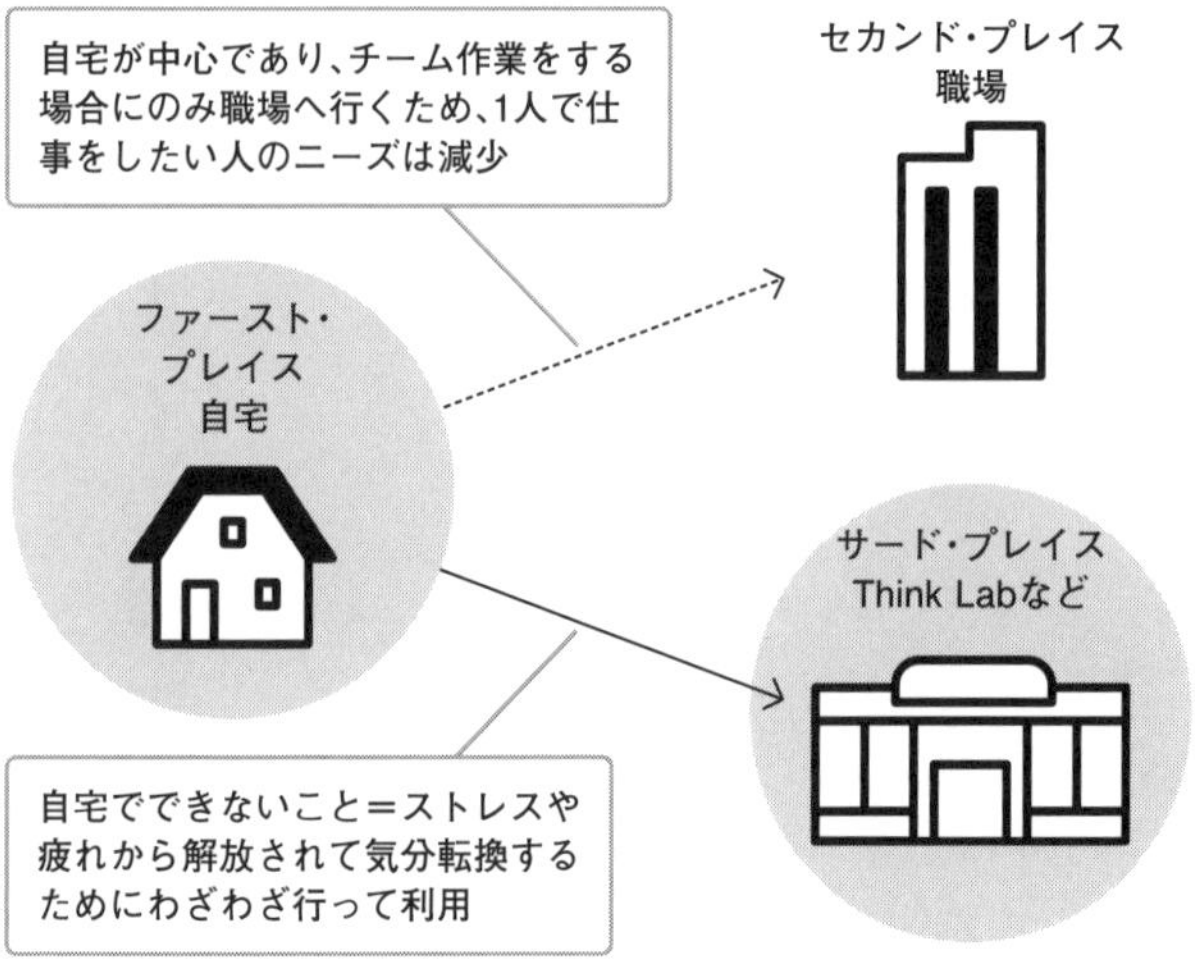
自宅が中心であり、チーム作業をする場合にのみ職場へ行くため、1人で仕事をしたい人のニーズは減少
セカンド・プレイス
職場
ファースト・プレイス
自宅
サード・プレイス
Think Labなど
自宅でできないこと＝ストレスや疲れから解放されて気分転換するためにわざわざ行って利用

よって、上の図のように、自宅を中心とした生活スタイルが基本となっていきます。

「働きたくなるデザイン」が選ばれる

ここで、前項のサード・プレイスの説明をさらに掘り下げましょう。

この先、副業や複業が解禁される流れは止められません。すると、いらないオフィスの機能がより明確になってきます。

法人が個人に提供していたもの、それは、**「ミッション（Mission）」と「ファシリティ（Facility）」だった時代**がありました。

つまり、あなたがやるべきこと（ミッショ

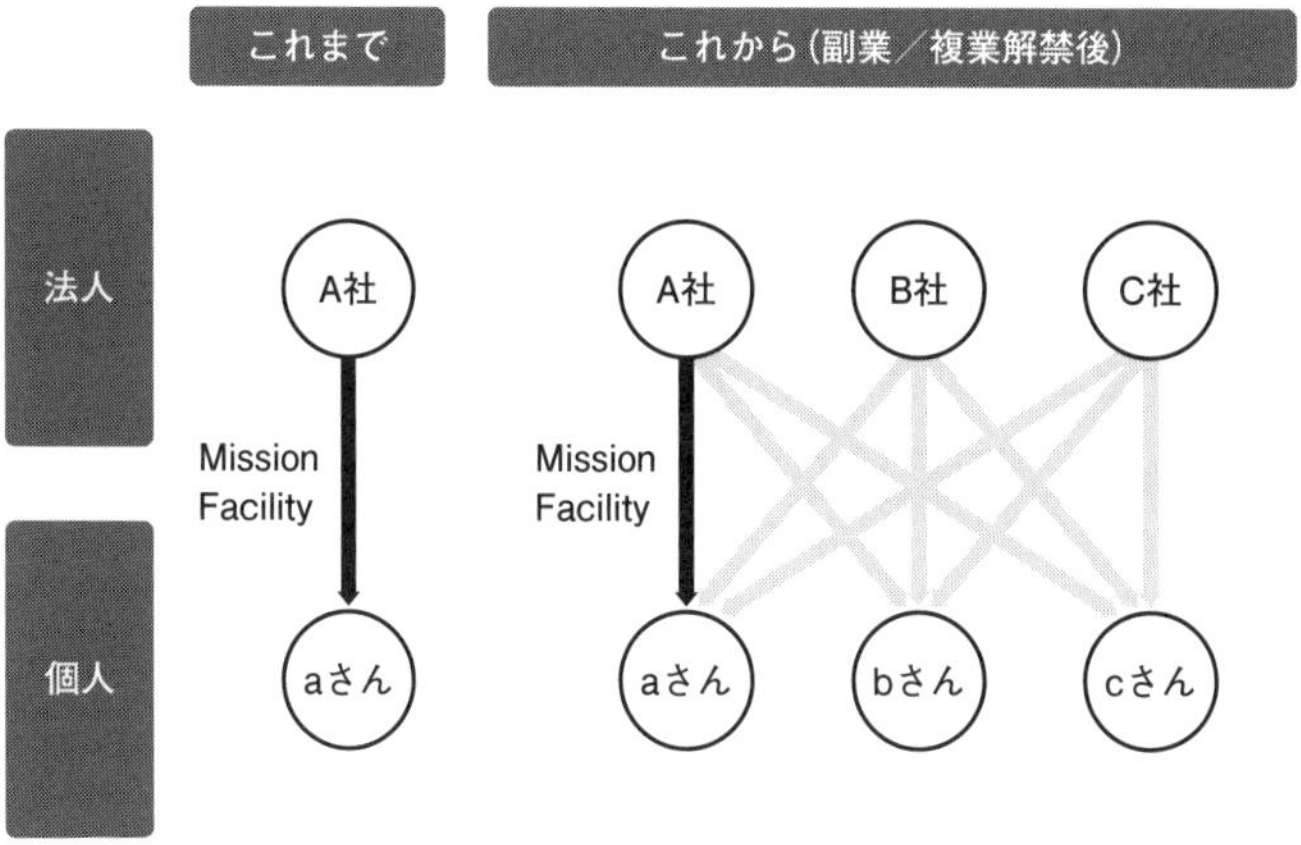

Facility：施設、設備、建物などのこと

ン）と、そのための施設（ファシリティ）です。

しかし、その「ファシリティ」がなくなっていきます。

副業や複業をする個人から見ると、A社からもB社からも仕事を受けることが常態化するため、常時いるべき場所は不要になってくるからです。

上の図のように、これまでは1つの法人と1人の個人の関係だけだったのが、これからは他の法人からも1人の個人に「ミッション」と「ファシリティ」が与えられるようになります。

そうすると、あなたは、「空間」を選択す

ることができるようになります。

あえて悪い表現をすると、これまでのオフィスの内装やオフィス家具は、ただの総務の人が決めていました。

「うちの会社は、なんでこんなイスなんだろう」「デザイン的にも機能的にも微妙で、自分だったら絶対に選ばないんだけど……」などということがよくあったでしょう。

このような「ファシリティ」を選択する主体が、総務の人からあなた自身に移るのです。

サード・プレイスは、たとえばスターバックスのような、個人が気持ちよく過ごせる場所が勝ち残っていくでしょう。

場所は、演出能力が成功要因そのものになっていきます。

以上、働く空間がどうなっていくかについて、3つのキーワードを説明してきました。

さらに個人がどうしていけばよいかについては、2章で説明します。

人や会社とどう付き合っていけばいいのか

1章と2章で述べる内容だけでも、十分に個人にとって「深い集中」を得ることはできます。

しかし、「はじめに」でも書いたとおり、この本では私の個人的な思いもお伝えしたいと思っています。

それが、「**楽しい仕事の奪い合いに備える**」という視点です。

やりがいのある楽しい仕事は、それだけで夢中になって働くことができます。
そのためには、誰と働くのか、法人とどのように付き合っていくのかなど、「人間関係」の部分を考えておかないといけません。

そのためのポイントや、やるべきノウハウを3章で紹介します。
この序章では、私が体験した「ある出来事」を述べておきましょう。

「同僚」という意識が消えていく

2020年4月、多くの人が在宅勤務を開始することになった緊急事態宣言が出る直前に、次のような投稿をフェイスブックにアップしました。

〝【在宅勤務の悩み募集】気分転換レベルでテレカンにお付き合いいただける方、井上にご一報ください！　こんなときだからこそ、集中以外にも、どんなサポートが必要かを考えたいと思っています。〟

この投稿を昼の12時にすると、すぐに15人程度が「ぜひ」と言ってくれました。
最初の人とテレカンを始めたのが、14時。その日のうちに3人、翌日にも2人から話を聞くことができました。

さて、これは何を示しているでしょうか。

コロナ前からも、これに似たような投稿をして、反応をもらったりはしていました。

しかし、オフィスにいたときには、まず近くにいる同僚に、

「ちょっといい？」

と話しかけて、雑談によるヒアリングをしていました。

これが、コロナ以降では、**「同僚か」「そうでないか」の境目がなくなった感覚があります。**

SNSなどで「みんなちょっといい？」「これに興味ある人いますか？」と呼びかけることが、より当たり前になってきています。

これは、**「OMO的な感覚」**に似ています。

OMOとは、「Online Merges with Offline」のことで、「オンラインによってオフラインが包含される」という意味です。

つまり、オフィスという日常化されたオフライン環境を失ったことで、オンラインで速

くつながれる人とのほうが同僚よりも密な関係を築けるようになったのです。

そうなると「会社に所属する」という概念が何を意味するのかが気になってきます。

もちろん私は、JINSという会社が好きですし、Think Labという事業は我が子のように愛おしく思っています。

しかし社内メンバーは、プロジェクトそのものには強いコミットメントを持っているとはいえ、実はThink Labのチームメンバーの半数以上は立ち上げ時期から個人事業主たちです。彼らは社員ではありませんが、間違いなく社員と変わらないレベルで、事業にコミットしてくれています。

そうなると、「**社員ってなんだろう?**」と自問自答せざるを得ません。

「あなたと仕事したい」と思われるかどうか

これからの生存戦略を考えた場合、「一度雇われたら一生安心だ」ということは、おそらくないでしょう。

この感覚は、誰しもが共有していると思います。

いまの私の場合も、少なくとも、JINSの経営層から**「業務委託にしても契約し続けたい相手だ」**と思ってもらわないと、おそらくアウトです。

オフィスがなくなり、オフラインでの日常的なメンバーシップ感がなくなった際に、経営層が気にするレベルの力を発揮していなければ、個人はつらい立場に置かれてしまいます。

こうした「雇用」に関する将来像を持っておくことが重要です。

私は労働法の専門家ではありませんが、

- **日本は解雇規制が強い**
- **日本人は貯蓄が好き（大企業では内部留保が多い）**

という点を考えると、欧米に比べて失業者が少ないという利点があるとはいえ、そういった日本型経営も見直される時期に来ているのではないでしょうか。

どこの会社も悠長《ゆうちょう》に構えてはいられないでしょう。

逆に、解雇規制が強いことで、正社員にすることにリスクを感じるようになります。

また、時代の不確実性が高まると、会社も変わり続けるイシューに対応しなければならなくなります。

よって、その時々のイシューに合わせた布陣で戦えるような契約形態に代わっていくのが必然です。

個人が持っておくべき2つのマインドセット

もちろん、すべてが一気に変わるわけではありません。

しかし、特に「クリエイティブワーカー」と呼ばれるタイプの仕事であれば、その感覚を持っていないといけないでしょう。

面白い仕事であればあるほど、奪い合いは起こりやすくなります。

今のうちに、自分の脳が最大限のパフォーマンスを出せるように、環境を整えたり、働

き方や雇用形態を見直したりすべきタイミングだと思うのです。

少なくとも持っておきたいマインドセットは、

- **個人同士においては「社内外の境界」が意味を持たなくなる**
- **法人と個人の関係は「疎遠」に向かう**

という2点は押さえておいてほしいポイントです。

個人はより独立した存在になり、個人事業主的な振る舞いを求められることを覚悟しなければならないでしょう。

それをチャンスと捉えられる人は、これまでの日本企業が抱えてきた「変化への対応の遅さ」や「新規事業が生まれない状態」をぶち壊して、日本を元気にしていくでしょう。

そのためのスタンスと工夫を3章にまとめています。

以上で、前提の整理である序章を終わります。

ここからの各章では、序章で挙げた課題を基に、**「明日から何をやればいいのか」**に向き合う解決策をできるだけ語っていきます。

第1章

「深い集中」を取り戻す

──「個人が今すぐ変えられること」からはじめる

「集中」は個人の責任になる

「はじめに」でも述べたように、集中力を測定するJINS MEMEで測定されたデータを基に、この本を書いています。

働き方改革を進める企業や個人でライフハックをする一般消費者の方々を対象に、延べ1万人以上の方のデータを収集・解析してきました。

もちろん、測定データを蓄積するだけでは、意味がありません。

どうしたら「**さらに集中して仕事ができるか**」ということを、ユーザーたちと多くの場所で試行錯誤することによって、傾向を見出し、ノウハウを蓄積してきました。

実験より
リアル

これまで、集中の度合いは、病院や大学などの実験場で、患者服のようなものを着て、仰々しい機械の中に入ってしか測定できませんでした。

つまり、特殊な条件下でのデータしかなかったのです。

実験場だけで、かつ、短い時間しか取れないデータでは、日常の生活をリアルに浮き彫りにすることができません。

そのため、実際に活用できるノウハウが出てこないことも多くあります。

しかし、私たちが測定したデータは違います。

JINS MEMEは日常生活で通常のメガネを掛けている状態と変わりないため、２週間～１ヶ月程度なら仕事中ずっと掛けていても、それほどストレスにはなりません。

普段の生活の中で測定するため、極めて実践知に近いデータが取れます。

それにより、これまでは「なんとなく正しそうな感覚的な集中力アップの方法」しかなかったのに対して、ちゃんと定量的に考察することができるようになりました。そして生まれたのが、ここから語っていく「**本当の集中力アップの方法論**」です。

「集中力」は、次の図のように、

1　取り組み方をよくする
2　環境（＝空間）を整える
3　体調をキープする
4　基礎体力を上げる

という、４つに分解することができます。これを基にした拙著『集中力』（日本能率協会マネジメントセンター）では、それぞれの方法論を展開しました。この本では、さらにみなさんが今もっとリアルに悩んでいるポイントに絞ってノウハウをお伝えします。

「集中」によって個人の差が開いていく

コロナ前は、「３」と「４」の部分が、個人の責任でした。

一部には、「健康経営」という考え方で、健康的な社員食堂を用意するなど、個人の体

集中力	不調を抜け出す	さらに高める
1 取り組み方	・仕事への入り口（P137） ・仕事からの出口（P140） ・三上（P146）	・ソロワーク戦略（P174） ・コワーク戦略（P204）
2 環境	・姿勢の切り替え（P110） ・イスに投資（P112） ・プライベート空間（P116） ・換気と温度（P131）	・視覚の最適化（P122） ・聴覚の最適化（P127） ・嗅覚の最適化（P129） ・反復運動（P132）
3 体調	・ブルーライト対策（P152） ・睡眠改善（P155） ・食事改善（P157）	・心理的安全性（P193） ・アクティブレスト（P202）
4 集中力＋α		・夢中で働く（３章）

調管理に介入するタイプの会社もありました。

ただ、通常の会社では、自己責任であることが多く、その中でさらにマインドフルネスなどを取り入れているタイプの人は、いわゆる「意識が高い人」として揶揄《やゆ》されていたかもしれません。

しかし、今後は個人による差がどんどん開いていきます。

なぜなら、コロナによる変化により、前ページの「1」「2」でさえが個人の責任になっていくからです。

それなのに、**多くのオフィスワーカーにおいて、自分の裁量で取り組み方やスケジュール管理を担っている人は、そんなに多くないはずです。**

そもそも日本は、個人が完全に自らの裁量で働くタイプのクリエイティブ産業の労働人口が低い傾向にあります。[註8] 1960年には全体の人口の5%ほどだったのが、現在は15%強になった程度です。

スウェーデンやノルウェーは、今や40%を超えていますし、イギリスも約34%、アメリカも約23%にまで伸びているので、日本の少なさがわかります。

さらに、日本はジョブ型ではなくメンバーシップ型の雇用形態であり、雰囲気を大事にしながら、みんなで仕事を進めるタイプの働き方をしている人が多いのです。

現時点で、**全体の調和を取るタイプの「ふわっとしたマネジメントスタイル」は、リモートになることで壊滅することは必至です。**私自身、マネジメントのスタイルを可能な限り修正するようにしています。

個人が環境に「投資」する時代

先ほど、環境（空間）も個人の責任になるとお伝えしました。

序章でも述べたように、会社が提供していた仕事やミッションは、個人が選ぶ時代になっていきます。

大きく見ると、会社からの給与は、期待役割への対価から、オフィスの環境整備の販売管理費を引いた額をもらっていたと考えることができます。

大まかに計算すると、**会社が提供していた「空間」の費用だけで、1人あたり月6万円以上の経費がかかっていることがわかりました。**[註9]

その分が、給与前に引かれて渡されていると考えるとどうでしょう。

さらに交通費もあるわけですから、交通費を約1万円と考えたら、「月7万円以上」が環境投資として会社から提供されていたことになります。

これからの世界では、個人がその環境投資の責任を持っていくことになります。

だからこそ、**「より気持ちよく、より効果的に仕事ができる環境」**を主体的に作っていく必要があるのです。

仕事ができる人の「条件」が変わる

コロナ前の「仕事ができる人」の条件は、「効率よく精度が高いアウトプットができる」ということでした。

これは、社員が皆、同じ環境にいたため、個人のアウトプットのみを考えればよかったからです。

これが、コロナ後には、さらに要素が分解されます。

「効率よく精度が高いアウトプットができる」ようにするためには、**「固有の能力 × 能**

力を出すために用意した環境（空間・時間）」という掛け算の発想が必要になります。

これまでは、「固有の能力」を高めるためにビジネス書を読んだり、新しいツールを学んだり、時には会社からの研修を受けたりするなどして、スキルを磨いていたと思います。それが今後の世界では、**同じ会社の社員でも「能力を出すために用意した環境（空間・時間）」が人によって異なることになります**。

つまり、環境整備が今後の個人としての重要な視点になっていくことは疑いの余地がありません。

この理解の下、アフターコロナに向けて、個人の責任になってしまった「環境」「取り組み方」「体調」の解決策を本章で見ていきます（「取り組み方」の一部は2章で扱います）。

「周辺の環境」を整える

序章でも述べたとおり、在宅勤務での悩みは、次の4つの要素によって変わってきます。

1　家族構成
2　環境整備の度合い
3　仕事へのスタンス
4　会社の人との関係

この本では、「2」の方法論が主な要素になっているのですが、「1」の要素も大きく効いてくるので、少しだけ整理しておきます。

単身	＋	夫婦（書斎なし or 1つしかない）	＋	育児あり
・イスがよくない ・照明がよくない など		・1人になる時間や空間 ・お互いのリモート会議への干渉 など		・子どもが寝ている時間を最大活用する体制 など

上の図のようになります。

当然のことながら、**右に行けば行くほど課題の種類が増えていきます。**

本書では単身の人向けの話をベースに、一部触れられる範囲で、右の問題に触れていきます。

立ち上げ速度がすべてを解決する

上の3つのうち、どの環境条件でも、どの家族構成だとしても、課題解決のための共通メカニズムがあります。

それは、生活空間から仕事に行って帰ってくるという往復の中で、集中の「立ち上げ速度」「深さ・持続力」「スムースな抜け出し」が重要だということです。すなわち、切り替え能力が求められるのです。

たとえば、一番大変な育児ありの人などにおいては、子どもが急に何かに集中してくれた瞬間に、それがあと何分続くかもわからない中で、今日一番深く考えなければならないタスクを考え切ることができなければ、また夜中に睡眠を削るしか方法がない……。

そんなことをよく聞きます。

立ち上げ速度を上げて、深さ・持続力を保てるようにするために、空間づくりと体調管理がどうあるべきなのかを考えながら読んでいただけると幸いです。

では開始します。

脳のモードを切り替える「環境づくり」

最初に解決しないといけない課題が、「環境づくり」です。

「座りすぎで腰痛になった」

「パートナーとのリビングの取り合いで離婚の危機だ」

など、さまざまな悩みを聞きます。

ここで注目するのは、**「オフィスよりもよくない点をなんとかしたい」**という観点です。

オフィスでは何も気にせず「ワーク」に脳を切り替えていたのに、生活空間の中に仕事を持ち込む形になればそうはいきません。

生活空間に仕事が入り込むと、途端に「ワーク・セルフ・リレーション」がごちゃごちゃになるので、頭は混乱してしまいます。

ここで序章の「理性の脳」「直感の脳」「大局観の脳」という3つの脳が大事になってき

ます。

深く思考しているときは、この3つの脳のどれかが活性化している状態です。

ただし、理性の脳が働いているときは論理的な思考（収束）をしており、直感の脳が働いているときは直感的な思考（発散）をしているため、**それぞれは同居しにくい思考パターンであること**がわかっています。

つまり、そのどちらかに特化した状態を自分自身で作り出したほうがよいということです。

どんな仕事であっても、アイデアを出したりする思考と、実際に動かしたり説明したりする論理的な思考の両方が必要であることがほとんどです。

そこで、次の技法がおすすめです。

技法1 「姿勢の切り替え」で脳の切り替えをサポートする

私たちThink Labが作っているサード・プレイスでは、「理性の脳」と「直感の脳」で席を分けており、それぞれの姿勢も分けています。

①ロジカル仕事の姿勢

- ロジカルシンキング向けの仕事では、「理性の脳」になることが求められる
- 姿勢がよい状態で、かつ、下を見下ろす形で視野を狭くし、周辺情報を減らすことが大事
- その状態に向いた「イス」と「机」、「デスクまわり」（植物の配置など）を用意する

②アイデア仕事の姿勢

- アイデアを出すための仕事には、「直感の脳」が求められる
- 視野が広く保たれ、ゆったりとできる姿勢であることが大事
- その状態に向いた「イス・ソファ」を用意する

論理的な作業をするためには、「理性の脳」を活性化させたいので、**「視野が狭い」「他のものが目に入らない」**という状態にし、没頭状態に入りやすくすることが有効です。

逆に、アイデアを出すために「直感の脳」を活性化するには、副交感神経が優位になりやすいように、**「視野が広い」「明るくする」**状態にします。

したがって、窓際でやや上を見るような姿勢にすることが大事です。

もちろん、家の中にこんな充実した席を2つ以上用意することは難しいでしょう。

ただ、リラックスできるソファなどはすでにある家庭が多いと思うので、**用意すべきは前者の席です。**

そうすると、「理性の脳」を働かせるためには、「**長時間、座っていられるイスと机**」「**周辺視野を遮る環境**」「**人との間の取り方**」が大事になります。

技法2 集中できる「イス」に投資する

その中でも、もっとも重要なのが「イス」です。

緊急事態宣言が出た後には、オフィスチェアが売れすぎて通販サイトでは数ヶ月待ちになっているのを見かけました。

では、オフィスチェアと家にあるイスの違いは一体なんでしょう。

オフィス家具メーカーの開発の人は次のように話します。

〝日本人は、オフィスで6時間半くらい座っています。ですから、オフィスチェアは、それだけの長時間、座っていても床ずれせず、通気性もよい状態で過ごせることを重視して作られています。〟

一般的な家具、特にダイニングテーブルに付いているイスは、「木製」が多いです。木製のイスは、数時間もずっと座り続ける想定では作られていません。

仕事に身が入らないのは、**「気合いが足りない」「集中力が足りない」という精神論で解決できるものではなく、単純に座っている環境そのものが問題である**ということです。

しかし、オフィス家具にも問題があるものがあります。

オフィスチェアであればなんでもいいというわけではなく、いい姿勢を保つためには、次の2つが大事になります。

・6時間以上、座ることができる弾力と通気性を備えている
・肘掛けに腕をのせて肘の角度が90度になる

また、日本人は、背筋が弱い傾向にあります。

だから本来は、「坐骨《ざこつ》座り」という、座禅を組んだときのような姿勢になるイスが最適です。

そこで、ベストなイスは次の2つです。

・キールハワー「ジュニア」[註10]
・アーユル チェアー[註11]

これらは坐骨座りを実現してくれます。

ただ、どちらも比較的高額です。そのため、100点満点ではありませんが、次の2つの方法もおすすめです。

・ローテーブルで座布[註12]
・バランスボール[註13]

座布に関しては、ローテーブルと高さが合わないとつらい体勢になるので、座布の下に雑誌などを挟み、腕をテーブルにのせたときに肘が90度になるように調整しましょう。

また、バランスボールは、意外と横幅があるので少し邪魔になるのと、通気性はよくないので座り続けると時々立ち上がりたくなるのが難点です。転がりそうなイメージがありますが、ストッパー付きのものがほとんどなので、その点は問題ないでしょう。

イス選びも大事ですが、同じ姿勢でい続けないことも重要です。

この解決策は、**シンプルに「立つ」ことです。**

最近では、立ったままPCを使うことができるプロダクトも出てきています。

- **FREEDESK デスクライザー（1秒でテーブルの高さが調節可）**[註14]
- **MOFT Z（極薄・4段階をワンタッチ切り替え）**[註15]

これらを使えば、「座った状態の作業」と「立った状態の作業」を切り替えることができます。

私の場合は、立ったままの作業はあまり向いていませんが、**オットマン（足乗せ）を使って足を上げ下げしたり、テレカン中は立った状態で話をしたりするようにしています。**

以上、「技法1・2」で大事なことは、姿勢を変えられる用意をしておくことと、特に「理性の脳」を働かせることのできる場所を確保することでした。

その他に、112ページでは「周辺視野を遮る環境」「人との間の取り方」が大事だと述べました。それらについて、次の技法を見ていきましょう。

技法3 プライベート空間を実現する（家族やベッド、ソファと間を置く）

在宅勤務中の家族との領土問題について、117ページでは左の図で説明しました。単身でワンルームの場合、ワークがセルフの場所を侵食することが、2人以上の家庭の場合、家族と仕事を持ち込んだプライベート空間のせめぎあいが、それぞれ悩みの原因です。

特にワンルームで過ごしている人は、**ソファやベッド、趣味のものが目に入ってくることで意志を保つことが難しくなるはずです**。没頭して作業したいときには、視野周辺の情報は邪魔になります。

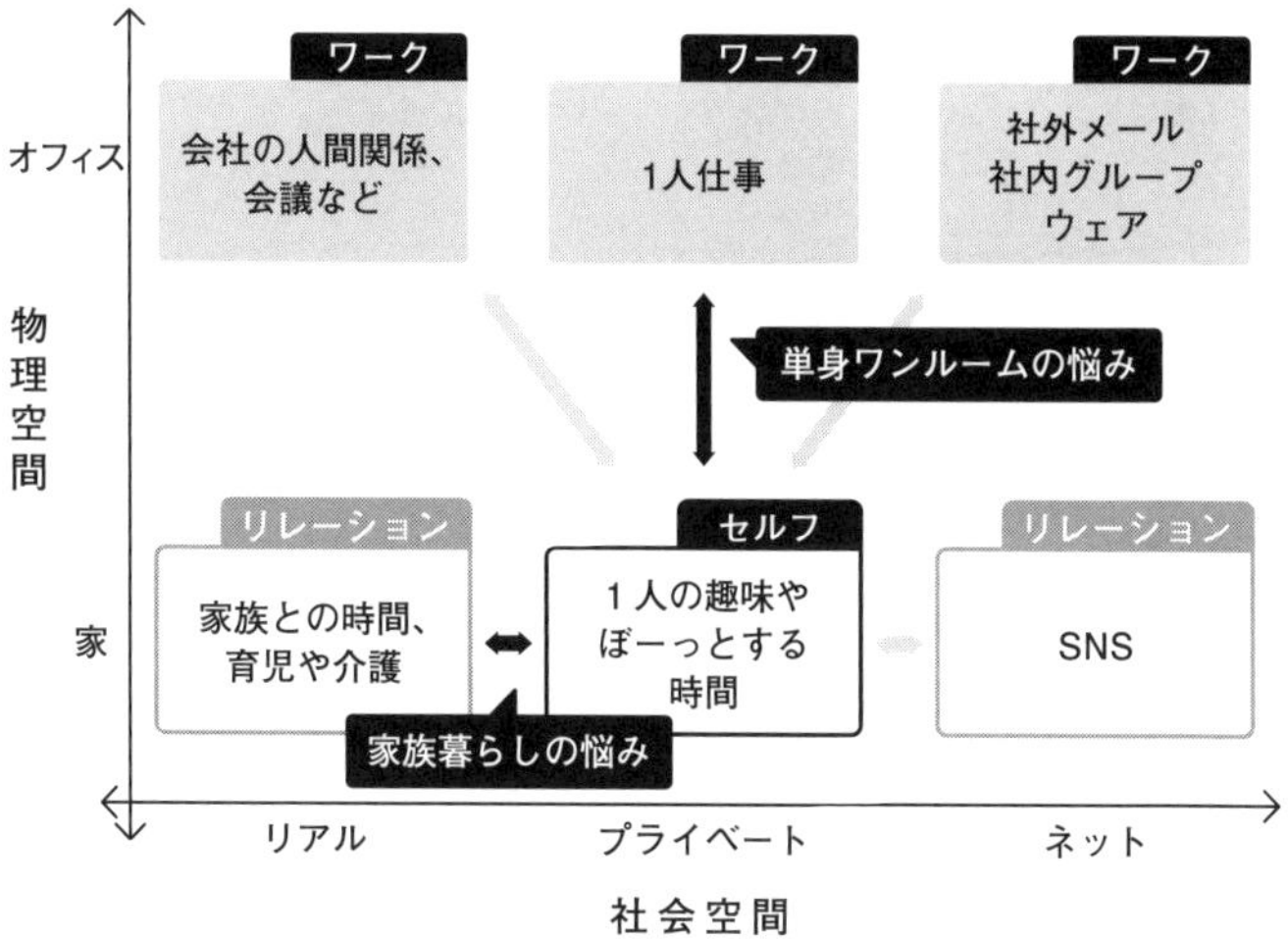

これらは、**「なければないほどいい」**というのが結論です。

これを前提とし、ベッドやソファを見ないように机に向かえる配置にすることが大事です。

シンプルに間の仕切りを設計しなければなりません。

また、ベッドを見ないようにすると、おのずと壁に向かって仕事をすることになる人が多いと思います。

そうすると、「ゆらぎ」が生まれないという問題も起こってきます（126ページの「視覚」で後述）。

パーソナルスペース

1966年にアメリカの文化人類学社エドワード・ホールが提唱した
プロクセミックス（近接学）理論

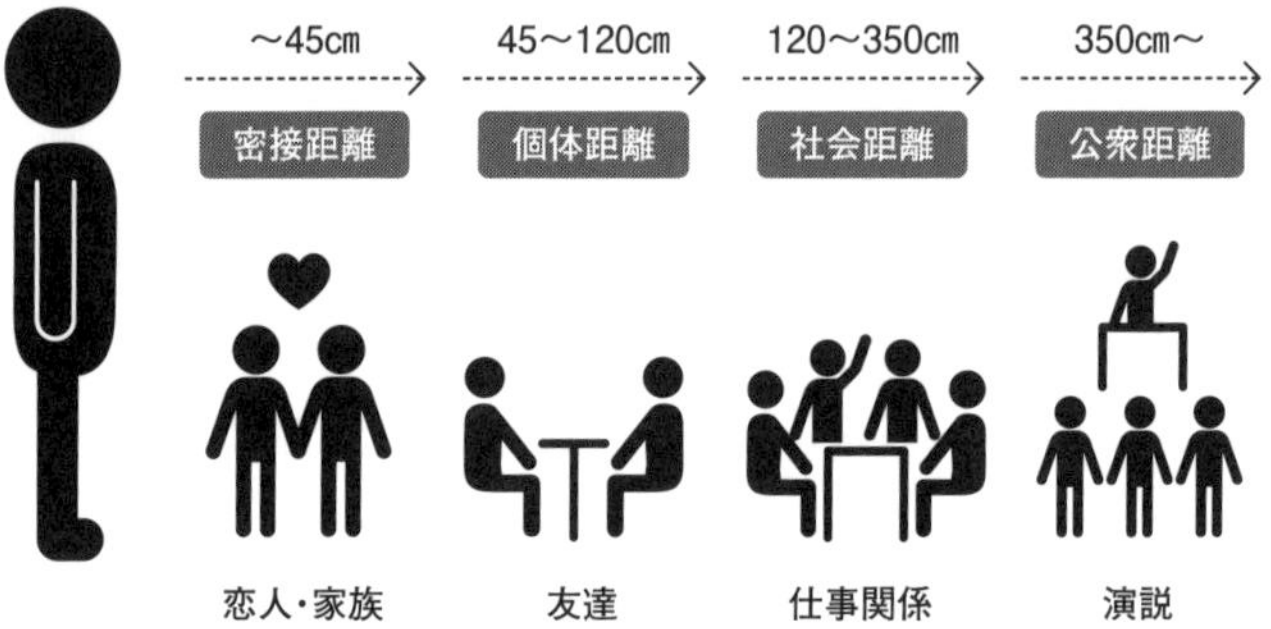

次に、２人以上や２部屋以上のパターンです。「**パーソナルスペース**」という考え方をご存じでしょうか。

これは人間関係の種類によって、人と人との距離が異なることを示した研究です。コロナ禍により流行した「ソーシャルディスタンス」も、この考え方です。

当たり前のことなのですが、コミュニケーションする相手によって距離を変えて、我々は生きています。

そうすると、在宅勤務によって起こる問題は、次のとおりです。

〝社会空間としては仕事モード（１２０センチ

以上離れている感覚）なのに、**物理空間では家庭モード（45センチくらいの距離）で過ごしている。**〟

そんな状況が生まれます。

一般的に、オフィスのデスクやイスは、他の人と120センチ以上離れるように配置されています。

しかし、家庭のダイニングテーブルなどは、横の人が45〜60センチ程度になる距離で配置されていると思います。

ソファに座っているときは、さらに距離が近くなるでしょう。

これらは、「リレーション」のタイミングであればまったく問題ないのですが、**「ワーク」のときには、深い集中に入ることはなかなか難しくなります。**

距離の問題だけでなく、家族が視界に入ったり、声や物音が聞こえてきたりするだけでも、仕事モードとのギャップが生まれてしまうでしょう。

深い集中のためには、極めて大事な作業や打ち合わせのときだけでも、家族との「間」

を空けられる空間が必要です。1日2時間ほど、時間の「間」を作ることも大事です。

このテーマを深く考察しているチームである楽天ピープル＆カルチャー研究所が発表している考え方に、「三間」という概念があります。70ページでも少し触れた「仲間、時間、空間」の3つです。「仲間」をつなぎ、「時間」を区切り、「空間」を整えることで、人が本来の力を最大限発揮できる環境になると語られています。

そしてその本質は、その三間の間を埋める、「隙間」であるというのです。**「仲間、時間、空間」という重要な外的環境と自分との間に、4つ目の間としての「隙間」を持てないと本来の力を最大限活用できないのです。**

移動などの隙間がなくなったことは、大きな損失なのかもしれません。それを取り戻しましょう。

「五感を活性化させる刺激」を与える

いかにすれば集中できるかどうかを考えたとき、実は「**照明環境**」も重要になってきます。

照明を含め、仕事をしている人への「五感刺激」の最適化については、私たちThink Labの得意分野です。

Think Labでは、経済産業省の国家プロジェクトにて、JINS MEMEの計測で五感刺激が集中にどの程度影響を与え、効果を示すかの実証実験をおこないました。[註16]

その結果、ここで紹介する五感刺激をすべて実践した人は、集中の度合いが8・8％もアップしました。

五感の中でも特に集中に関係するのは、「視覚・聴覚・嗅覚」です。

それぞれの解決策を説明していきましょう。

技法4 「照明の調光・調色」で視覚を最適化する

一般的なオフィスの照明は「**寒色系の昼光色**」という光の種類です。
これは、いわゆる「ブルーライト」という青い光の配合が多いのが特徴です。
この光は、昼の空の光を模して作られています。

一方で、家の照明は、夕方の空の光を模した「**暖色系の電球色**」であることが多いです。
これは、一般的に家は夕方以降に過ごす場所だという前提で照明が設計されているためです。

元々、自宅はワークではなく、セルフや家族とのリレーションのための場所なので、**「リラックスモード」に適した照明になっている**と思います。

我々人類は、基本的に昼に活動する動物です。

そのため、昼の空の光を浴びないと、頭が覚醒《かくせい》しにくいようにできています。

人の体内時計は、光のバランスと食事のタイミングでマネジメントされているため、このリズムが狂ってしまうと、仕事モードに切り替えることが非常に難しくなってしまいます。


リモートワークで家に1日中こもって仕事をする場合など、ずっと暖色系の光を浴びていると、集中に影響が及ぶことになります。

そこで、ぜひやっていただきたい技法が、「**時間帯で照明の色みを変更する**」という方法です。

最近では、リモコンによって照明の色みを調整できる照明が多いでしょう。

それを利用して、**仕事に取り組んだり、集中力を高めたい時間帯には「寒色系」を選び、仕事が終わってリラックスしたい時間帯には、「暖色系」に切り替える**のです。

時間を決めて調光することで、体内時計も整い、コンディションもよくなります。

この効果は非常に高く、異なる照明下で2日間の単純作業をおこなうという私たちの実験では、1日目に調光・調色をした群としていない群で、翌日の被験者の集中の度合いが

「8・2%」も異なるという結果が出ました。

簡単な方法ですが、意外とできていない人が多いので、ぜひ取り入れてみてください。

逆に、夜中でもどうしても集中したいときには、あえて「寒色系」を使うのも有効かもしれません。

私の仲間の例ですが、本気で企画書を練りたいときには、夜、部屋を真っ暗にして、PCの輝度を最大にしてこなしているそうです。

部屋を暗くすると、瞳孔《どうこう》が開き、目に届くブルーライトの量が増えて覚醒するのです。

このように、脳を覚醒させて、交感神経を優位にすると、「理性の脳」が活性化し、昼の状態で働くことができます。

ただし、健康にはよくない方法なので、**「ここぞ」というときの最終手段**として試すようにしてください。

また、最近の研究では、ブルーライトは「**上部から目に入ってきた場合**」に、特に脳を活性化する効果が強いそうです（網膜の下部に入ったブルーライトに覚醒効果がある）。

ですから、できればタスクライトのような形で、前方の上のほうから光を浴びると、より目の前のことに集中しやすくなります。

余談ですが、先ほどの人は、深く物事を考える作業のときは「マックブック」を、単なる作業やコミュニケーションをとるときは「ウィンドウズのＰＣ」を、それぞれ使うように決めていました。

こうした切り替えも、視覚が変わるので有効でしょう。

人の脳は視覚にかなりの部分を支配されています。

仕事の種類によって、どんなデバイスを、どんな光で使っているかが、深い集中を生み出すためには大事になってくるのです。

技法５　「植物の配置」で視覚を最適化する

視覚において、もうひとつ紹介したい技法が、「植物の配置」です。

これは、周辺視野に見えるように植物を置いたほうがよいということです。

「緑色を眺めると眼によい」というのは、誰もがなんとなく聞いたことがあるかもしれません。

たしかに、緑色には、ストレス低減効果や疲労の軽減効果があるそうです。

さらに詳しく説明すると、人の視野の120度内に緑色が含まれている割合を「緑視率」と呼び、**その緑視率が「10〜15%」のときに、人の集中のパフォーマンスがもっとも高まる**という研究結果があります。

人は、情報の約87%を視覚から取得していると言われています。

117ページでも述べたように、PCと壁と机だけに向き合っていると、人工物かつ無機質な物だけしか視界に入ってきません。

それが8時間以上、毎日続いてしまうと、あまりに目の前に「ゆらぎ」がなく、つらくなってくるはずです。

それを和らげてくれるのが、観葉植物などで緑視率を高める方法なのです。

植物を見ると「落ち着いた気持ちになる」のは、植物によるゆらぎが副交感神経を優位にしているからです。

副交感神経を優位にし、リラックスした状態を作り出せば、仕事への集中は長続きしやすくなります。

それに、副次的な効果として「直感の脳」を誘発し、アイデアが出やすい状態にもなるはずです。

特に、クリエイティビティが落ちたような感覚がある人は、ぜひ、机まわりに観葉植物を置いてみてください。

技法6　「自然音（ハイレゾ）」で聴覚を最適化する

よく聞かれるのが、「集中するときは音楽を聴いたほうがいいですか？」ということです。

集中時の「音の有無」については、個人差があります。

無音のほうが集中できるのか、音楽があったほうが仕事が捗《はかど》るのか。あるいは、カフェのように周囲の話し声が聞こえる状態のほうがいいのか。

これらは、実は人によってさまざまです。

全員に共通して当てはまる方法は存在せず、いろいろ試してうまくいくパターンを見つけるしかありません。ちなみに、「集中するときは爆音で音楽を聴く」という人もいました。

その前提がある上で、比較的おすすめの方法なのは、**「思考している言語以外の言語の音楽を聴くこと」**です。

傾向として、たとえば日本語で考えているときに日本語の歌詞の音楽を聴くと、脳の言語野がそちらを意識してしまい、集中はそがれます。

また、**「ホワイトノイズ」**と呼ばれる、人間が聞き取れるすべての周波数の音を均等に含んでいる音というものがあります。

すべての周波数を含むことで、周囲の音を脳が特定しにくくなり、結果的に集中力が上がるという研究があります。

アプリなどでホワイトノイズを検索して、流してみるのもありでしょう。

もしくは、川のせせらぎや鳥の鳴き声などの「自然音」も、集中力向上には効果的です。

これらを「ハイレゾ音源」で流すのも有効です。

ハイレゾ音源には、家族の生活音を仕事モードから遮蔽する「**マスキング効果**」が期待できます。マスキング効果というのは、２つの音が重なったときに、片方がかき消されて聞こえなくなる現象です。

これらの技法を、「ワーク・セルフ・リレーション」のどのモードの時間を過ごしているかによって、使い分けましょう。くれぐれも、**セルフの時間とワークの時間で同じタイプの音環境にしないようにしましょう。**

技法7 「集中のための香り」を用意し、嗅覚を最適化する

集中力向上のために「香り」は、古来から活用されているそうです。最近は、手軽に利用できるアロマやお香などもたくさん手に入ります。

香りを使用する際には、目的に応じて使い分けることが大事です。

一般的に、**集中時には「ローズマリー」や「ペパーミント」の香りが、リラックス時に**

は「ラベンダー」がおすすめとされています。

こちらも、「ワーク・セルフ・リレーション」の時間によって変えることが有効です。

また、休憩しているときに香りに集中する時間を作ると、心の静けさを保持する「マインドフルネス」に近い効果を得られるという研究もあります。

小売店などでは、ブランドのコンセプトに合ったオリジナルの香りを作ることで、入店したお客さんの気持ちを切り替える効果を狙っているケースも増えています。

私たちThink Labでは、先ほど挙げた香りの配合量を調整し、もっとも集中が上がるアロマも開発しています。

ちなみに、アロマの有り無しで、集中できる時間は「5％程度」変わります。

私自身も、仕事する時間と寝る時間の香りをハッキリ分けることにしています。

仕事の前には、Think Labオリジナルアロマ入りのおしぼりを使い、**触覚と嗅覚の両方を刺激して、仕事への入り口を作っています。**

その後、仕事から離れるときには、寝る前にも使っているレモングラスのアロマを部屋で焚《た》いています。

人が仕事などで使っている五感は、視覚が87％、聴覚が7％だと言われています。

つまり、その94％は常に刺激を受け続けていることになります。

よって、日常ではあまり刺激を受けていない嗅覚と触覚をアロマやおしぼりで「あえて刺激する」ことで、仕事モードから頭を切り替えるようにしています。ぜひ試してみてください。

技法8 換気によって「二酸化炭素の濃度」を保つ

五感とは直接関係ないように思えることですが、実は「**換気**」も効果的な方法です。

部屋の二酸化炭素（CO_2）濃度が集中力や仕事のパフォーマンスに影響を与えることが実験でわかっています。

これも私たちの実験の結果ですが、**CO_2濃度が低いほうが集中しやすいのです。**

また、室温も影響します。**男性の場合は「23℃程度の環境」、女性の場合は「25〜26℃の環境」が、もっとも集中しやすい**という結果が出ました。

CO_2濃度については、具体的には、室内では800ppm以下が望ましく、1000ppmを超えると集中が途切れてきます。

といっても、濃度を測ることはないと思いますので、方法としては**「数時間に1回、窓を開ける」**ことで、低い濃度を保つことができます。

先ほどの「香り」の活用と、換気と室温コントロールにも気を配ってみてください。より集中に適した環境にすることができるでしょう。

技法9 「反復運動」で触覚を最適化する

序章で、集中力の要素を分解すると「持続力」というキーワードがあると述べました。仕事や作業を長時間続けていると、集中力は低下します。それに対する解決法を紹介します。

集中が持続しない原因のひとつに、**「ワーキングメモリの低下」**があります。

「ワーキングメモリ」とは、作業に必要な情報を一時的に記憶し処理する脳内システムです。この部分を動かし続けると、徐々に疲労がたまり、システムの稼働が悪くなり、結果的に作業効率が落ちてしまいます。

1日中1つの作業を続けることが不可能なことからもわかるように、**時間とともに集中力が低下するのは、脳の仕組み的に避けられないこと**です。

しかし、そのワーキングメモリを「回復」させることができれば、集中の持続力を高めることができます。

ワーキングメモリの回復に効果的なのは、脳の血流をよくする「反復運動」です。

特に、「噛む」行為が効果的であるという実験結果があります。

就業中の大学職員129人を対象に実施した実験によると、作業中にガムを噛むことでストレスや疲労の低減効果が見られ、不注意や勘違いが抑制されたそうです。

他にも、反復運動はあります。

イライラすると「貧乏ゆすり」をする人がたまにいますが、あれも反復運動をすることで、副交感神経を優位にして落ち着こうとしている行為という見方ができます。

家の中でのリモートワークであれば、誰かに迷惑をかけるわけではないので、**貧乏ゆすりも効果的かもしれません。**

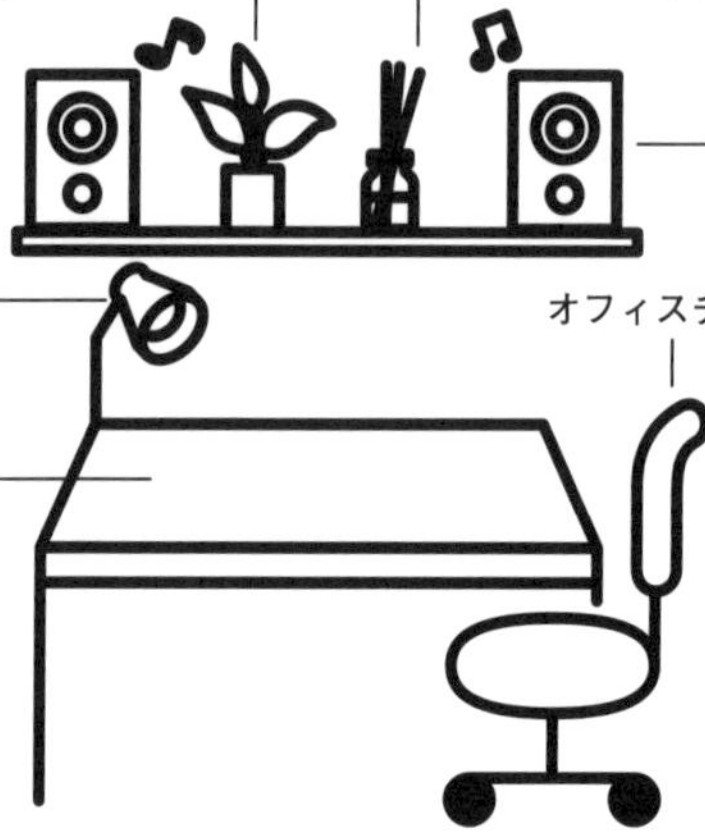

また、仕事をしているときに触覚を意識することは、これまでなかったかもしれません。

しかし、脳の使い方を切り替えて目の前のことに集中するためにも、触覚刺激を利用しない手はありません。

「窓を開けて風にあたる」「清涼剤入りシートで顔を拭く」など、触覚刺激をおこなうことで脳を切り替える習慣を作りましょう。

以上、「五感を刺激する方法」について、6つの技法を語ってきました。

ザックリまとめると、上のイラストのような環境になります。

ここで加えて重要なことがあります。

それが、**「片づいたデスク」**です。

今、目の前にある集中すべき対象以外に、他の情報が見えると集中がそがれます。

これは、ＴｏＤｏリストやカレンダーも同様です。

「いつも見えるようにしておく」ということは、「いつも常に考えておかないといけない」ということなのです。

ＴｏＤｏリストは確認するときだけ見るようにします。カレンダーも、見えないところに貼り替えるようにしましょう。

また、**デスクのサイズは「横幅95センチ」くらいがベスト**です。

あまり横幅がありすぎると、つい書類などを置きっ放しにしてしまいます。それが目に入ると、それだけで集中はそがれてしまいます。

とはいえ、家庭内でこれらすべての空間づくりを１００点にすることは現実的ではないので、１つ１つ手の届くところから始めましょう。

仕事の最初と最後の「ルーティン」をつくる

前項の五感刺激とも関係してくる方法ですが、仕事の開始時に「ワーク」へと切り替えるルーティンを作っておくことはとても重要です。

気合いを入れて、「よし、やるぞ」と意志力を使うのではなく、**自然と始められてしまう方法を確立するのです。**

どんな仕事も、やる前は億劫ですが、やり始めてしまうと、そうでもなくなってきます。実際に作業をやり始めない限り、脳は働かないようにできています。

これまで我々は、「スーツなどの仕事用の服装に着替え、電車などで通勤する」というルーティンを自然とおこない、仕事モードへと入っていました。

時間は人によってバラバラでしょうが、**おおよそ1時間もの時間をかけて、仰々しく仕**

事への入り口に立っていたのです。

それを失った世界では、どのようにすればいいのでしょうか。

ここで役に立つのは、コロナ禍より随分前に会社を辞めて独立した友人の知恵です。

技法10 「仕事への入り口」をつくる

私のある友人は、独立した初日の感覚について、このように話します。

〝強制的に出社時間が決められていたときは、無理やり自分のスイッチを入れられていた。でも、それがなくなってからは、「自分の意志の力」で仕事を始めることになった。これって、思ったよりも意思決定のリソースが必要でつらいものなんだ……。〟

このようなことを感じたそうです。

そして、そこから15年以上、個人経営を続けた結果、行き着いた方法は、**「朝、仕事用のジャケットに着替えて、家であってもそれを着る」**という方法でした。

データに基づいているわけではありませんが、このような先人の知恵を借りることが、ここでは大事だと思います。

私の場合も、この友人のマネをして、**「仕事モードの服を着る」「腕時計をする」**という2つを義務化しています。

特に、腕時計はおすすめで、**パソコン作業をしているときをはじめ、常に自分の手元は視界に入ってくるので、その光景だけで仕事の頭に切り替わります。**

このように、ルーティンを作っておくことは、主体的に働く上で必要なことです。

それ以外にも、朝、私は次のようなことをしています。

- **45℃の湯船に浸かる**
- **必ずヒゲを剃る**
- **メンバーと朝礼と夕礼をして小話をする**

朝が弱い人には特におすすめなのですが、熱めの風呂に入ることで体に強い刺激を与えることができます。

その刺激によって、「コルチゾール」というストレスホルモンを分泌させ、血糖値と血圧を上げることにより、脳を覚醒させることが目的です。

自分に合わせて温度を変えたりしたほうがよいでしょうが、朝の集中の立ち上げには確実に役立っています。また、そのときにヒゲを剃るようにもしています。

45℃の風呂とヒゲを剃るという行為は、前項の五感への刺激にもつながることです。これを脳に印象づけることで、「仕事に入るタイミングだ」という合図になるようにしています。


また、仕事のチームでは、「朝礼」と「夕礼」を欠かさないようにしています。

仕事開始と終了のタイミングをチームメンバーと共有することで、「自分たちは仕事をするんだ」という共有感を作るのが目的です。

これは、リモートワーク時代には大切な儀式だと思います。

遠隔で仕事をすると、どうしても孤独感や、心理的安全性が奪われる感覚があります。

同じ時間から同時に仕事を始めることをお互いに確認すると、「もしかしたら仕事してないと思われているかも……」というような猜疑心《さいぎしん》も取り除かれます。

ぜひ、こうした仕事への入り口のルーティンをチームで作りましょう。

技法11 「仕事からの出口」を確保する

「なかなか仕事が始められない」という悩みはよく聞きますが、それと同じくらい「仕事から離れられない」という問題も重大です。

マジメで責任感が強いと仕事から抜け出せなかったり、**つい休むことに罪悪感を持ったりしてしまいがちです**。

64ページでは「攻めのオフ」という表現を使いましたが、仕事への深い集中をつくるためには、メリハリをつけて、休むときはちゃんとリラックスすることが重要です。

ソファに寝そべりながら少しだけ休もうとすると、緊張とリラックスが「3：7」くらいの状態で、ついダラダラしてしまいます。

しかし、**中途半端に休むくらいなら、ハッキリと20分程度の昼寝をしたり、風呂に入っ**

たりしたほうがよいでしょう。

これまでは一般的に、8時間会社で働いている中で、途中で誰かと雑談したり、ランチを食べに行ったり、外出で移動したりなど、ゆるやかなリラックス時間が外的要因でつくられていました。

8時間労働でも、実質的に仕事に向き合っている時間は、5～6時間程度だったかもしれません。

それが在宅勤務になると、8時間以上の時間をフルに仕事にあててしまいます。

特に、定常業務系ではなく、クリエイティブ系の仕事の人にとっては、出社と退社で明らかな区切りを持てていたビフォアコロナと違って、ずっと仕事から離れられない状態に陥りがちです。

さらに、独身でワンルームだと、**「試験日まで半年くらいある受験生」**のような感覚になってしまい、時間をかけて延々と働いてしまうでしょう。

そこから脱するためにも、思い切った攻めのオフを作ることが大切なのです。

「ソファでは仕事関係の作業はしない」
「リビングでは家族との時間しか過ごさない」

など、「ワーク・セルフ・リレーション」に合わせて場所を決めてしまい、仕事の出口にしましょう。

同じ場所で、食事や仕事、趣味のことをすべてやる。スペースが限られている人もいるかもしれませんが、そういう環境はできるだけ変えるようにしてみてください。

以上、ここまで紹介したルーティンをちゃんと作り、毎日、毎時間、やらないといけないタスクに対して常に意志力で向かい合うようなことはやめましょう。入り口と出口の間で、深い集中で仕事をこなせるようになりましょう。

「クリエイティビティ」を取り戻す

「発想力が落ちている感覚がある」
「自宅での仕事ではアイデアが出てこない」

そんな悩みも多く聞くようになりました。

127ページで見たように、五感刺激などのゆらぎがないと、クリエイティビティは落ちていきます。

ここでは、2つの課題に絞って整理しておきましょう。

1つは、環境の課題です。

ほとんど家を出ずに同じ人工物に囲まれていてゆらぎがなかったり、姿勢が固定化されたりすることで思考パターンが画一化するのが原因です。

もうひとつは、コミュニケーションの課題です。

リモート会議ばかりが続き、聴覚と視覚が「8：2」くらいの会話が続いたり、テレカンの効率運用によるアジェンダ通りで予定調和的な会議が増えているのが原因です。どちらの課題も、身に覚えがあるのではないでしょうか。特に、クリエイティブワーカー系の人であれば、誰しもがうなずく内容でしょう。

どんな条件で人はクリエイティブになるのか？

それらの解決策を紹介する前に、「アイデアが出るとき」がどのような状態なのかを見ていきましょう。

「セレンディピティ」という言葉を聞いたことがあるでしょうか。

セレンディピティとは、「**何か特定のものを探しているときに、それとは別の価値のものを偶然見つけること**」と定義されています。この「別の価値のもの」がアイデアです。

これだけを聞くと、アイデアとは、突然バッタリと出会うもののように思えるかもしれませんが、少しニュアンスが違います。

まったくゼロであるところからイチのアイデアが降ってくるのではなく、複数の既知の思考が結びつき、新しい発想や発見につながるのです。

つまり、自分がこれまでインプットしてきた知識や知恵があった上で、そこに外からの他の知識が「掛け算されたとき」に、セレンディピティは起こるということです。


ここで大事になってくるのは、「**深い集中で1つのことを考えておくこと**」と、「**掛け算しようと思ってするのではない**」という2つのことです。


誰もが思いつくようなことを掛け算しても、普通のアイデアにしかなりません。

一見、結びつきそうにないことが掛け算されることが重要なのであり、それを実現させる思考こそが、本書のキーワードでもある「直感の脳」を活性化させることなのです。


「理性の脳」から「直感の脳」に切り替わるときには、「大局観の脳」を経由します。

「大局観」とは、具体と抽象を行き来するときのように、俯瞰《ふかん》で物事を捉える状態です。

この切り替えが上手にできると、アイデアが出る確率が高まります。

しかし、多くの人は仕事中の脳は「理性」が占めている状態です。

論理性をあえて落として、いったん「無責任な状態」で無邪気に物事を考えてみる。そうすることで、セレンディピティがおとずれやすくなるのです。

この確率を上げることが、コロナ前と現在では、課題レベルが大きく異なっているのです。それを踏まえて、クリエイティブでいるためにどういう技法があるのかを見ていきましょう。

技法12
「自分にとっての三上」で時間を過ごす

偉人がアイデアを思いついた瞬間は、意外と何気ないときであることが多いと言われています。

先ほどのセレンディピティと近い考え方で、古代中国から伝わる「三上」というアイデアをひらめく状態を表現した言葉があります。それは、

・馬上：馬に乗っているとき
・枕上：寝床に入っているとき
・厠上：厠《かわや》（トイレ）にいるとき

という3つの場所のことです。

馬に乗って移動していたり、ゴロンと横になったり、用を足したりしているときに、すごいアイデアが降ってくるということです。

しかし、これは、先ほど述べたように、誰にでも起こることではなく、ちゃんと1つのことを深く考えた経験のある人にだけ、偶然、降ってくるものでしょう。

セレンディピティは、深い集中で考えた後、ふと視線を上げて俯瞰で観察したときにおとずれます。

これを私なりにもう少し定義すると、**「1人でいるときに、通常と違う五感刺激があるとき」**と考えることができます。

自宅で家族のみと過ごしていると、どうしても、1人の時間が作れなかったり、通常と違う五感刺激を得ることが難しくなってしまいます。

それを乗り越えるためには、121ページの「五感刺激」の技法を取り入れながら、「セルフ」の時間を作り出すことが重要です。

1日の中で、セルフの時間が取れているか、自分にとっての三上になる瞬間を作れているかを見直してみてください。

技法13 「雑談」をしたり、「新しい人」と話しているかを見直す

リモートワークをしていると、どうしても「目的のない雑談」が少なくなります。ビフォアコロナの時点でも、飲み会が減ったり、喫煙所が撤去されたりすることで、雑談の場がなくなっている課題がありました。

早稲田大学ビジネススクールの入山章栄《いりやまあきえ》先生が引用されている「両利きの経営」という考え方の中で、次のようなことが語られています。[註17]

〝イノベーションを起こすためには、「知の探索」と「知の深化」の2つが必要である。知の範囲を広げ（知の探索）、一定分野で知を継続して深める（知の深化）。その2つの因子を高めていくことで、イノベーションを起こせる可能性が上がる。〟

ここで議論されているのは、日本企業は内製化になりがちで、「知の探索」が不足しており、多様な価値観や考え方と触れることが少なく、失われた10年以降、イノベーションが起こらなくなってきている、という話です。

144ページのセレンディピティのところでも語ったように、まったくのゼロからイチが生まれることはほとんどなく、複数の既知の知識や知恵が掛け合わさったときにイノベーションは起こります。

日本企業を含め、日本人は個人においても「知の探索」のほうが不足しています。

ここでできる解決策は、「**よく話す人と、意図的に雑談の時間を作る**」と「**まったく話したことない人と話す機会を増やす**」の2つです。

この1ヶ月の間に、チーム内で雑談したでしょうか。あるいは、新しく出会った人がいたでしょうか。

これらは、ただ待っていてもクリアできることではありません。自分から主体的にやっているかどうかで、どんどん差がついていきます。

雑談するためには、流行りのリモート飲み会でもいいですし、139ページで紹介したような朝礼・夕礼をおこなうといいでしょう。

そこで私は、「**最初の3分は、できるだけ本題と関係ない小話**」をするように、ネタを用意して臨んでいます。

一時期、コワーキングスペースという言葉がよく聞かれ、WeWorkなどが働き方を提唱していましたが、これも、先ほどの「知の探索」を狙った動きでしょう。

多様な企業が同じスペースで仕事をすることで、イノベーションが起こる確率が上がることが期待できます。

ところが在宅勤務になることで、より一層、同じ人だけとの会話になってしまい、しかも雑談的なコミュニケーションがなくなってしまいます。

そうならないために、戦略的にコミュニケーションするようにしましょう。

「体調管理」を徹底する

２０２０年４月の緊急事態宣言による自粛期間が長引いたとき、外に出る機会が減った人が増えました。

そこで、運動不足によるヘルスケア的な問題が多く起こったことでしょう。

しかし、オフィスワーカーはコロナ前から「目の疲れ」「メンタル」「睡眠」「食事」「肩こりや腰痛」などに悩んでいました。

これまでに、「メンタル」については攻めのオフへの切り替えを、「肩こりや腰痛」はイスや机での姿勢をただすことで、それぞれ解決策として紹介しました。

ここでは、「目の疲れ」「睡眠」「食事」について、予防医学的に公認されている方法以外も含みますが、私たちの研究の視点からビジネスマンに有効なものを見ていきます。

技法14 「ブルーライト対策」で目を休める

目が疲れる原因と集中との関連について述べます。

みなさんは、「VDT症候群」という言葉を知っているでしょうか。

これは、別名「IT眼症」とも呼ばれ、パソコンやタブレット、スマートフォンを日常的に使い続けることで、ドライアイや肩こり、イライラ感や不安など、心身に不調をきたす疾患のことです。

この疾患の大きな原因のひとつは、デジタルデバイスから発せられる「ブルーライト」です。

ブルーライトは、122ページでも少し触れましたが、人の目に入る光の中でもっとも強いエネルギーを持っていて、これが網膜にまで届くことで目にダメージを与えます。

ブルーライトを浴びすぎると、ホルモンバランスや体内リズムが崩れ、不眠症になる可能性も報告されています。

郵便はがき

料金受取人払郵便

渋谷局承認

6631

差出有効期間
2022年12月
31日まで
※切手を貼らずに
お出しください

150-8790

130

〈受取人〉
東京都渋谷区
神宮前 6−12−17
株式会社ダイヤモンド社
「愛読者係」行

フリガナ		生年月日		男・女
お名前		T S H 年 月 日生	年齢 歳	
ご勤務先 学校名		所属・役職 学部・学年		
ご住所（自宅・勤務先）	〒 ●電話 （ ） ●FAX （ ） ●eメール・アドレス （ ）			

◆本書をご購入いただきまして、誠にありがとうございます。

本ハガキで取得させていただきますお客様の個人情報は、
以下のガイドラインに基づいて、厳重に取り扱います。

1, お客様より収集させていただいた個人情報は、より良い出版物、製品、サービスをつくるために編集の参考にさせていただきます。
2, お客様より収集させていただいた個人情報は、厳重に管理いたします。
3, お客様より収集させていただいた個人情報は、お客様の承諾を得た範囲を超えて使用いたしません。
4, お客様より収集させていただいた個人情報は、お客様の許可なく当社、当社関連会社以外の第三者に開示することはありません。
5, お客様から収集させていただいた情報を統計化した情報（購読者の平均年齢など）を第三者に開示することがあります。
6, お客様から収集させていただいた個人情報は、当社の新商品・サービス等のご案内に利用させていただきます。
7, メールによる情報、雑誌・書籍・サービスのご案内などは、お客様のご要請があればすみやかに中止いたします。

◆ダイヤモンド社より、弊社および関連会社・広告主からのご案内を送付することがあります。不要の場合は右の□に×をしてください。　不要 □

①本書をお買い上げいただいた理由は？
（新聞や雑誌で知って・タイトルにひかれて・著者や内容に興味がある　など）

②本書についての感想、ご意見などをお聞かせください
（よかったところ、悪かったところ・タイトル・著者・カバーデザイン・価格　など）

③本書のなかで一番よかったところ、心に残ったひと言など

④最近読んで、よかった本・雑誌・記事・HPなどを教えてください

⑤「こんな本があったら絶対に買う」というものがありましたら（解決したい悩みや、解消したい問題など）

⑥あなたのご意見・ご感想を、広告などの書籍のPRに使用してもよろしいですか？

1　実名で可　　2　匿名で可　　3　不可

※ご協力ありがとうございました。

また、集中が高まっているときには、まばたきの回数が減少します。そのため、涙が蒸発して目の乾きやかすみ、見えにくさなどの症状が出てきます。オフィスワーカーの3人に1人がドライアイであるという研究報告もあります。

それに加えて、作業に集中しすぎてしまうと、交感神経の活性状態が続き、副交感神経によるリラックス状態への切り換えが麻痺してしまいます。

そうなると、自律神経の不調によるやる気の減退、イライラ、不安が発生します。リモートワークにより、これまで以上にディスプレイを見続けている人が増えていますが、そういったリスクも増えてしまうのです。

まず、おすすめの方法は、「**1時間作業をしたら休憩を入れる**」ということです。できるだけ、ベランダや窓から遠くを見るようにしてみてください。本来、人間は遠くを見ることで獲物を探したりしていたため、遠くを見ると興奮状態になり、交感神経が優位に働くようにできています。

しかし、今は近くのデジタルデバイスなどを見ることで興奮状態になっているため、本来の自律神経の状態に戻すために、一定の時間が経ったら遠くを眺めることが効果的なのです。

また、目を温めたりマッサージしたりすることは、もちろん有効な方法ですし、私たちJINSでは、パソコン作業用のメガネを取り扱っています。それらを取り入れることも検討してみてください。

ブルーライトの怖いところは、**あまり自覚しないまま、知らず知らずのうちに網膜にダメージを与えていること**です。

本書のテーマは「集中」ですが、集中すればするほど、まばたきの回数は減少し、結果的に集中を邪魔してしまうことになります。

意識的に、まばたきや定期的な休憩（1時間の作業に対し、15分程度）で目の水分を保つようにしましょう。

技法15
「寝る前スマホ」をやめ、「朝日」を浴びる

集中の向上には睡眠が非常に重要です。ですが、日本人の平均睡眠時間は、世界と比べて少ないという研究報告があります。

また、骨格の影響により、日本人男性は「睡眠時無呼吸症候群」になりやすいと言われています。

睡眠不足により特に影響を受けるのが、「海馬《かいば》」と言われる脳の一部分です。

海馬には、インプットした情報を一時的に保存しておく機能があり、この機能が衰えると短期記憶が弱くなります。

その結果、同時並行でおこなっているタスクが管理できなくなったり、集中が阻害されたりしてしまいます。

いい睡眠は、いい集中に必須の条件なのです。

では、どうしたらいい睡眠が得られるのでしょうか。

ここでは、**「入眠と眠りの深さ」**と**「目覚めのよさ」**についてだけ述べておきましょう。

まずは、入眠と眠りの深さについてです。

61ページでも紹介したレム睡眠とノンレム睡眠ですが、それぞれ、「体を休める（レム睡眠）」「脳を休める（ノンレム睡眠）」という役割があります。

その2つは90分周期で交替します。

それぞれ役割が異なるため、レム睡眠とノンレム睡眠のスムーズな繰り返しが重要となってきます。

いい入眠のためには、寝る前に脳に刺激を与えず、リラックスした状態で眠りに入ることがよいです。

よって、**寝る前にはスマホの画面を見るのを避けてください**。

スマホから発せられるブルーライトにより、睡眠ホルモンである「メラトニン」の分泌が抑制されてしまいます。

つい、寝る直前までスマホを見てしまうという人が多いでしょうが、一度、やめてみてください。きっといい睡眠が実感できると思います。

次に、目覚めのよさについてです。

目覚めをよくするためには、**「朝日を浴びること」**が重要です。

朝日を浴びると、気分の安定をもたらす「セロトニン」が分泌され、自然な起床が促されます。脳の活性化にもつながります。

どちらもシンプルな方法ですが、そういうノウハウこそ、バカにできません。

単純なことなのに、睡眠の良し悪しが「仕事の良し悪し」に直結します。

これを機に、ぜひ取り入れてみてください。

技法16 「低GI値食品」を食べ、「カフェイン」と上手に付き合う

脳は糖分（ブドウ糖）をエネルギー源として活動しています。

そのため、「血糖値の増減」には非常に敏感です。血糖値が乱高下すると、集中は下がり、眠気やイライラを引き起こします。

集中の維持のことを考えると、「血糖値の維持」が重要になってきます。

血糖値をコントロールするのに、おすすめなのが「**低GI値食品**」です。

GI値とは、その食品に含まれる糖質が血糖値を上昇させるスピードを数値化したものです。

低GI値食品に含まれる糖質は、体内でゆっくりと吸収されるため、食べた後の血糖値の上昇がゆるやかで、集中が維持しやすいのです。


「昼ごはんを食べると眠たくなる」

そんな経験は誰しもあると思います。

それもそのはずで、昼ごはんに食べがちな白米や食パンなどは、GI値が高いため、血糖値が急上昇してしまいます。

ランチの後に集中が続かなくなるという人は、**低GI値食品である「そば」「パスタ」「大豆食品」「きのこ類」などをとるように切り替えてみてください。**

低GI値食品は、血糖値を低下させるうえ脂肪の合成をつかさどるインスリンが出にくいため、ダイエットにも有効です。

それに加えて、食事の順番も血糖値の変化に大きな差を生みます。

食物繊維が多いもの（サラダなど）を最初に食べると、血糖値の上昇幅はかなり抑えられます。コース料理などでは、サラダやスープが先に来ると思いますが、それは理にかなっているのです。


また、集中と食事といえば、仕事中にコーヒーやお茶を飲む人が多いでしょう。

よく知られるように、コーヒーやお茶に含まれるカフェインは交感神経を刺激するため、意識が活性化し集中状態を生み出します。

特に玉露には、コーヒーの約2・5倍もカフェインが含まれています。それに、テアニンという成分も含まれており、これが副交感神経に作用し、ストレス緩和やリラックスを促進します。適度なリラックスは、質のよい集中につながります。

脳の切り替えにこのような飲み分けは有効ですので、ぜひ取り入れて、うまく切り替えをしましょう。

また、**カフェインの摂取は、夕方までにしたほうがいい**と言われています。

それは、カフェインによる覚醒効果で、夜の睡眠に影響してしまうからです。

コーヒーや緑茶は夕方まで、それ以降にどうしても飲みたくなる人は、カフェインの入っていないデカフェ飲料を飲むようにしましょう。

以上、ここでは体調管理の中でも「深い集中」を保つために即効性のある方法を紹介しました。

いずれも今日から実践できることだと思います。**簡単な方法に限って、「そんなことはわかっている」と言って軽視する人も多い**ので、きちんと取り入れるようにしてください。

さて、1章では主に「ファースト・プレイス（自宅）」で「深い集中」を勝ち取るための解決法を紹介しました。

次の章からは、「セカンド・プレイス（オフィス）」や「サード・プレイス（その他）」までを視野に入れた集中のための戦略を語っていきましょう。

第 2 章

「1人で集中できる場所」を取り戻す

——「いつ、どこで働けばいいのか」を決める

どこで働いてもいい時代

「在宅でまったく問題ない」

これは、2020年1月にGMO創業者の熊谷正寿《くまがいまさとし》さんが言った言葉です。

GMOでは、国内社員4650人中、4000人に「明日から在宅勤務」と号令を出しても、まったく問題が起こらなかったそうです。[註18]

コロナの問題は、「喉元過ぎれば熱さを忘れる」になるかもしれませんが、**多くの業務において、完全な在宅勤務でも問題ないことは証明されつつあります。**

この流れは、おそらくこのまま強力に進むでしょう。

というのも、実は、ビフォアコロナ時代から、政府も大企業もテレワークを推し進めたかったからです。

その背景だけ、先にザッと説明しましょう。

みんなの本音は「早く変わってほしかった」

総務省・国交省が2017年時点で掲げていたテレワーカー比率に関する目標は、「東京オリンピック・パラリンピック開催予定の2020年までに15・4％を目指す」というものでした。

当時は、東京オリンピックのときには、観光客が増大し、オフィスワーカーが電車に乗ると首都機能が回らなくなると言われていました。

東京都内のオフィスワーカーは、約350万人なので、**約54万人がテレワークを常態化する必要があったのです**。しかし、そのためのコワーキングスペースなどのインフラがまったく足りていない状況でした。

この政府方針に合わせて、日立グループは、「10万人規模で自宅や外出先で働ける体制を作る」と宣言し、住友商事や三井物産なども「テレワークを全面導入する」とするなど、

テレワーク中は、むしろ集中している！

マイクロソフトでは、テレワーク導入により生産性の主要因でもある「集中」が増大していたことがデータにより明らかになっている。

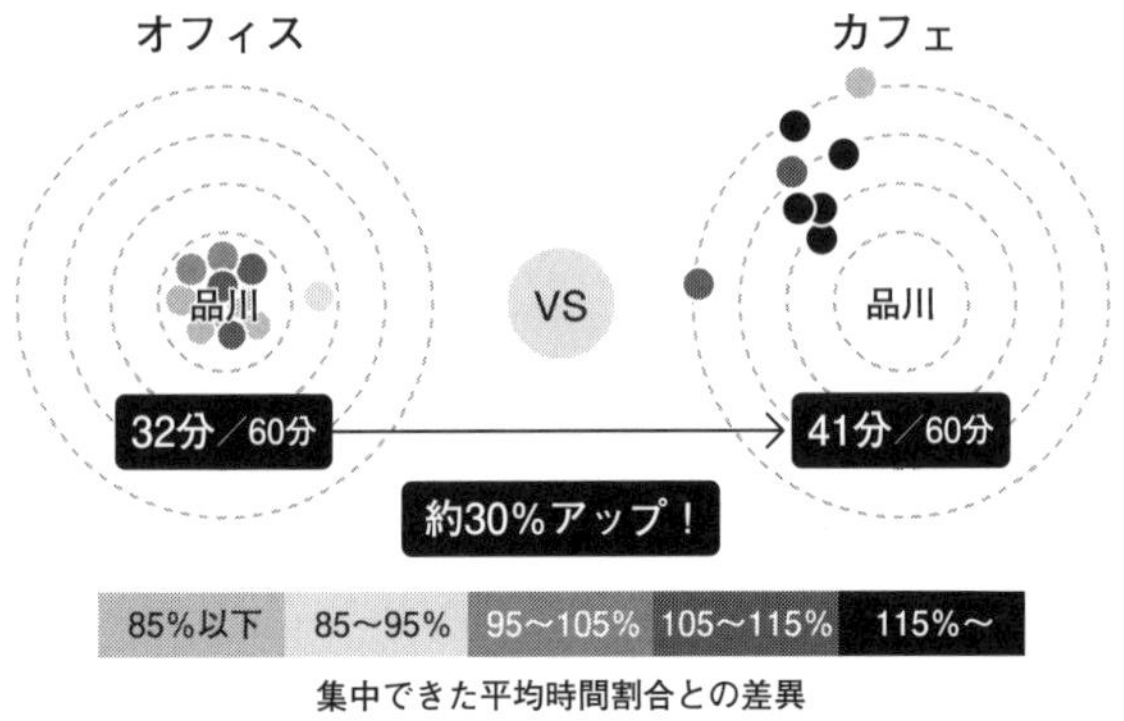

大企業が協力的にテレワークを進めていく流れになっていました。

しかし、大きな課題にぶつかりました。

・「ITリテラシー低めの中間管理職おじさん」による反発

・「肩越しにPCを覗かれるリスク」などのセキュリティの問題

これらの理由で流れは止まってしまいました。

そこで、私たちJINSは、総務省のテレワークデイズの取り組みに情報提供サポートをしました。

上の図のマイクロソフトとの共同実証実験

カフェを探し始めてから PCを開けるまでの所要時間

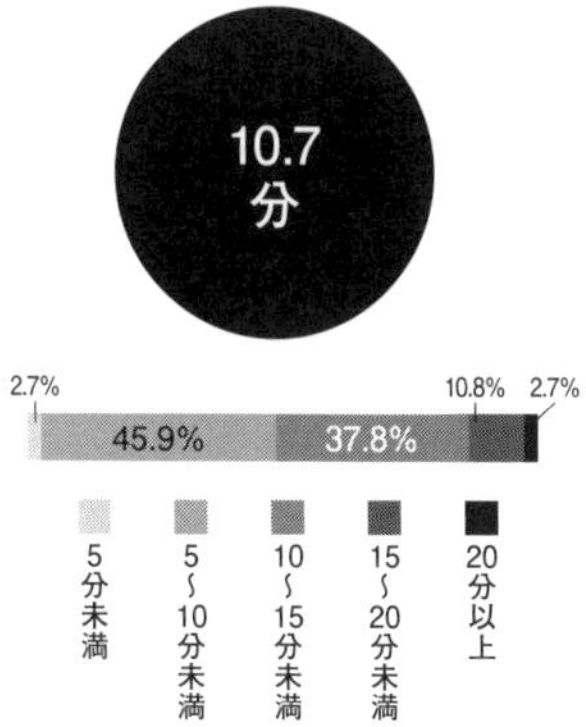

仕事向けカフェ利用の自腹額

社外で仕事をする際の利用頻度。

ほぼ毎日	31%
週4～5回	6%
週2～3回	24%
週1回	19%
2週に1回	13%
月1回	0%
月1回未満	7%

×

社外で仕事をする際の、1回当たりの平均利用単価。

300円未満	5%
300円～499円	16%
500円～699円	31%
700円～999円	34%
1,000円～1,499円	8%
1,500円～1,999円	5%
2,000円以上	1%

では、彼らの品川の本社オフィスに比べて、**「自宅やカフェでの仕事のほうが集中している」**という結果が出ました。

また、彼らの行動は、10分程度で近くのカフェにたどり着き、そこで仕事を始めています。その自腹額は月1万円以上にもなっています。

私たちが提供しているようなワークスペースでは集中が高くなることが証明され、「オフィスで働くことだけが正解ではない。攻めのテレワークをしましょう」と謳いました。

私たちが手がけるThink Labでは、オフィスの自席より約1・6倍の集中力を実現させました。

課題はあったものの、総務省を中心に、基

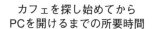

個人のパフォーマンスを科学した空間づくり

ワークスペースとして最高の集中環境を科学している「Think Lab」では、自席よりも1.6倍集中できる空間を実現している。

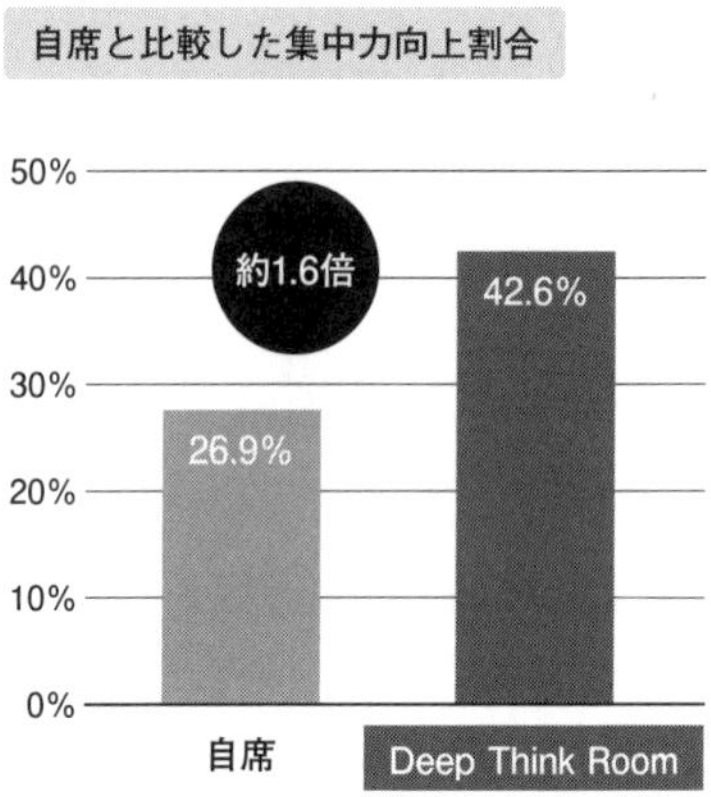

経済産業省のレポート参照：
https://www.meti.go.jp/meti_lib/report/H30FY/000196.pdf

本的にテレワークの方向に変わろうとしていたのです。

「前例」ができたら あとは前に進むだけ

そこに、2020年のコロナによる「強制テレワーク、しかも在宅勤務縛りルール付き」が急に来たことで変わらざるを得なくなりました。

ここでテレワークを経験できた企業がたくさん出て、「**前例ができた**」というのは大きいでしょう。

「この会議って、対面でやる必要ありますか？」

そんな質問だって当たり前にできる世の中

になりました。

「集まる必要があるという前提がなくなる」というのが前提となったのです。

そうすると、「家以外のすべての場所（セカンド・プレイス、サード・プレイス）」が、**「わざわざ行く場所」**になります。

その意味で、東京を中心とした「人口密度の高い都市」は、途上国的な立場になることが間違いないと思われます。

元々、車で移動することが多い「人口密度の低い都市（アメリカなど）」では、EC化の比率も高く、すべての活動において効率化されています。

一方で日本は、キャッシュレスなどで遅れを取りました。

それと同様に、テレワーク途上国にならないよう、これからの動きが大事になってきます。

ここで大きなゲームチェンジに対応できる企業か、そうではない企業かで、まったく違う将来が待っているのです。

何が「いらないもの」になったのか

さて、前置きが長くなりましたが、個人において「どんな場所で、いつ働けばいいのか？」を考えるのが2章のテーマです。

世の中の変化に対し、おろおろと不安なまま過ごすのか、それとも変化に対応して「目の前の自分のこと」に集中するのか。

後者になるためのマインドセットといくつかの技法を紹介していきましょう。

本書で何度も語っているように、オフィスは「わざわざ行く場所」になります。

それを前提に、「**わざわざ行くからには何かが残るはずだがそれは何か、何がいらなくなるのか**」を軸に考えていきましょう。

先に結論を書くと、いらなくなるものとして考えられるのは、「**自分の席（1人で作業**

する場所）」と「**会議室（数人以上が集まる場所）**」です。
それぞれ次の2つに分けて整理しましょう。

・ソロワーク（自分の席）
・コワーク（会議室）

この2つについて、「いつ」「どこで」働くようにすれば、深い集中で取り組めるのかを考えていきます。

「ソロワークをする場所」はオフィスには存在しない

元々、ソロワークへの希求は、年々高まっている傾向にありました。

そのため、AGCやパナソニックをはじめとする複数の大企業が、私たちThink Labを導入する事例が増えてきていました。

実際、大手不動産仲介業者のCBREのレポートでも、多くの企業において高い比率で

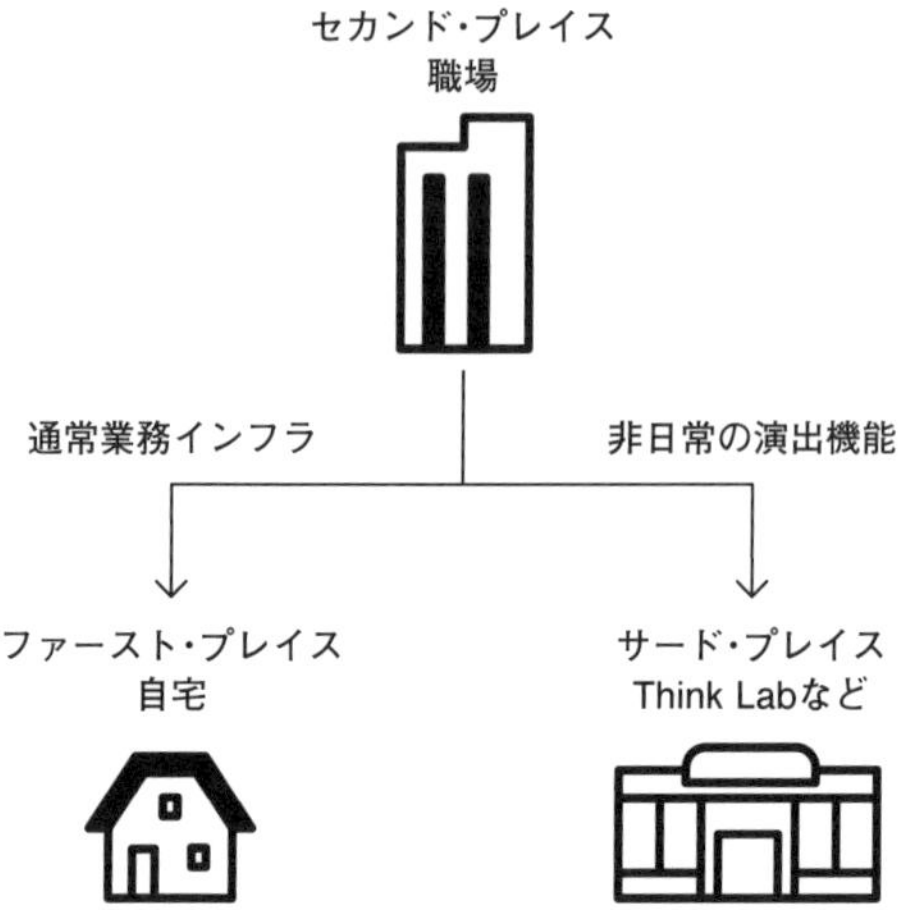

集中スペースの新設・拡張が予定されているというデータが出ていました。

一方で、オフィスでも家のリノベーションでも、空間設計のトレンドは、「できるだけオープンにしていく」という方向で設計・施工されていました。

「フリーアドレスでオープンな会社がカッコいい」という風潮が強まったのです。

そうなると、深い思考や高いクリエイティブ性が求められる1人作業をするのが、ますます難しくなってきます。

これまでの会社の固定席も1人での集中は難しいため、ソロワークのためにオフィスに行く理由はほとんどゼロに近くなります。

さらにウィズコロナの時代には、オフィス家具メーカーのオカムラのレポートでは、出社率が50%を超えると、物理的な仕切りが必要になります[註19]。

54ページでも述べたように、あくまでも「人が動く時代からモノが動く時代」という方向性を考えると、オフィス内のウイルス対策を強める前に、そもそも通勤電車に乗らないことが大事になります。

すなわち、ソロワークのために出勤しなければならない根拠は皆無なのです。

ちなみに、「在宅：オフィス＝8：2」の割合で個人が働けているのであれば、ソロワークに関する諸問題は出てこないと思われます。

個人でのソロワークは、この割合になるようにおこなっていくべきです。

コワークを取り除いて「残っていく機能」

次に、コワークについてです。

これは、基本的にテレカンで解決するものが多くあります。

「この会議って、対面でやる必要ありますか？」

という疑問に答えられる価値のあるものだけが残ります。

また、詳しくは後述しますが、対面でやる価値のある会議は、現状の会議室とは違うファシリティのほうが向いている可能性が高いです。

雑談・歓談場所などの機能は残るでしょう。

他にも、企業に対する帰属意識が低くなって、社員の求心力を失う可能性についてもよく語られます。

たとえば、日本ではメルカリやウォンテッドリーが、世界ではＩＢＭなどが、「オフィ

ス回帰」の大切さを語っていました。[註20]

機能的にはテレワークとの親和性が高いと思われるＩＴ系企業でも、心理的安全性を高めるために対面コミュニケーションの大切さが語られているのです。

離職率が高く転職しやすい人材をつなぎ止めるためには、リアルでの象徴的なオフィスの機能が必要であることを物語っているように感じます。

その観点で、オフィスに残っていくであろう機能については本書の後半で語ります。

それでは、ソロワークとコワークに分けた個人の戦略を説明していきましょう。

ソロワークの戦略

「どこで働くか、どこで考えるか（Where）」に関しては、ここまで語ってきたように、基本的に「ファースト・プレイス」が中心になります。

ここからは、そこでのソロワークを最適なものにするために、「いつ何をすればいいのか（When）」の話を中心に語ります。

ここは、ハイパフォーマーであろうと考えている人にとって、もっとも大事なスキルセットになる部分でしょう。

「働き方や生き方を制するため」には、「**時間管理を制する**」ということに尽きるかもしれません。

在宅勤務が進み、小うるさいマイクロマネジメント上司がそばにいないことで、良くも悪くも自発的に自分のリソースの配分を考えられるようにならないといけなくなります。

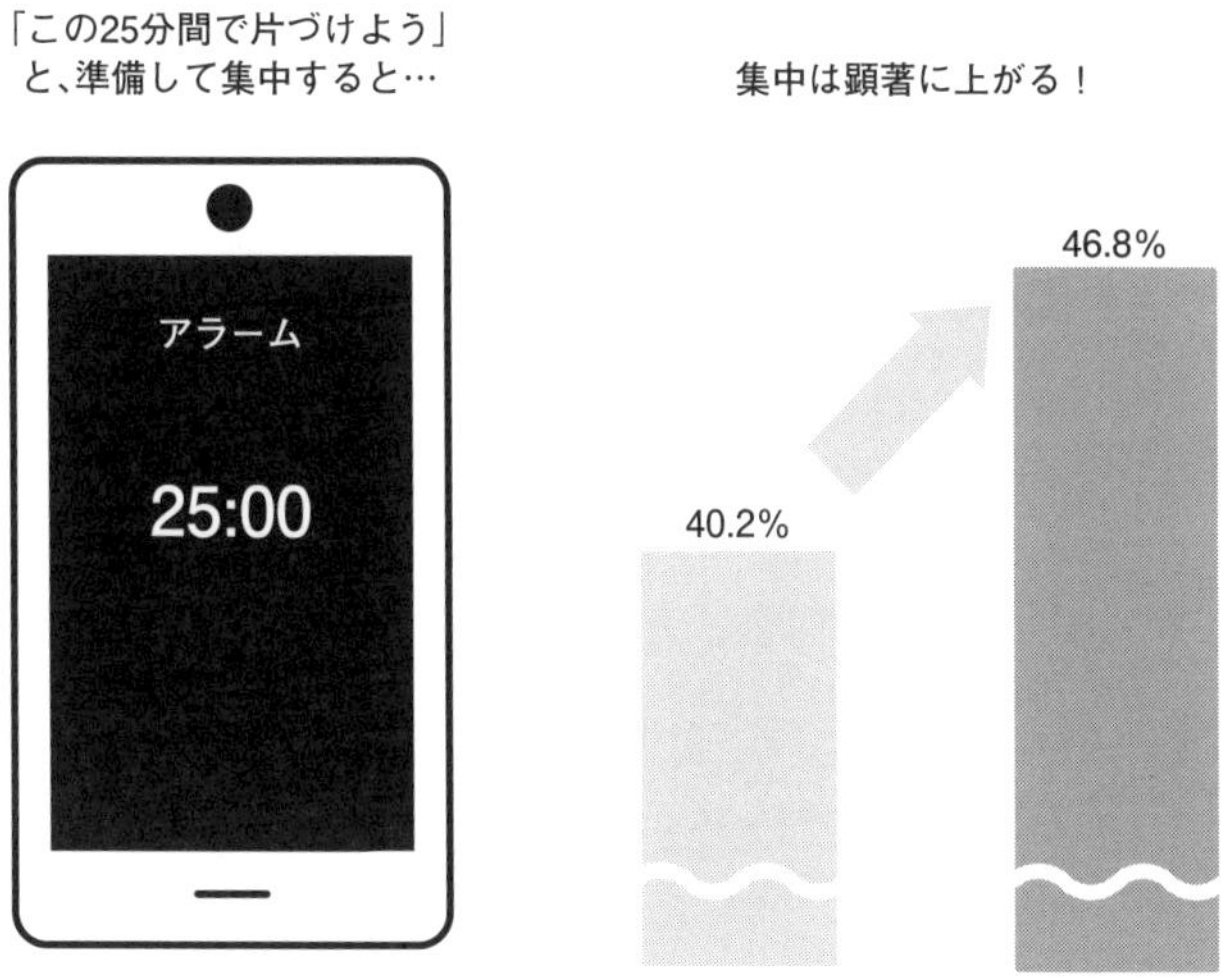
「この25分間で片づけよう」
と、準備して集中すると…
アラーム
25:00
集中は顕著に上がる！
40.2%
46.8%

増えた選択肢の中から選択をする上で大事なのは、「自分の時間」という明らかな有限リソースを「どの選択に対して分け与えていくか」という時間管理です。

上の図のように、**「この時間は集中するぞ」と前もって決めている人のほうが、顕著に集中力が高くなることがわかっています。**

では、ここまでの内容と同様に、「ワーク・セルフ・リレーション」の割合とそれぞれのリソースが「本当に自分が大事に思っているもの」に向けられているかを考えていきましょう。

技法17

「思考パターン」ごとに予約する

まずは私の例から紹介しましょう。

ビフォアコロナのときのスケジュールは、お昼前後から夕方にかけては会議に追われる生活でした。

今は効率化することによって、1つずつの会議の時間は少なくなりましたが、数が増えたため、結局コロナ前とほぼ同じくらいの会議時間が発生しています。

そのうえで、いつも主張しているのが、**「みんな、会議は予約するのに1人仕事は予約しない」**という問題です。

そこで、1人で作業するときの「**直感の脳が必要な時間**」「**論理の脳が必要な時間**」「**単純作業の時間**」の3つを、先にスケジュールに組み込むようにしました。

それが、次の図です。

このように、直感、論理、作業の3つの時間を1週間のルーティンに組み込みます。

時間	月曜	火曜	水曜	木曜	金曜
9:00	直感 2h				
9:30					
10:00					
10:30					
11:00					
11:30					
12:00					
12:30					
13:00					
13:30					
14:00		論理 1.5h			
14:30					
15:00					
15:30					
16:00	作業1.5h			論理 1.5h	作業1.5h
16:30			直感 2h		
17:00					
17:30					
18:00					

よほど大変なことが起こらない限り、このルーティンを守っています。

この3つを分けることは、極めて強い意味を持ちます。

なぜなら、**「集中する自分」を予約するところから、集中は始まる**からです。

10年後のことや1年後、あるいは1ヶ月単位で考えるのは難しいので、まずは1週間の自分の時間の配分を考えてみてください。

また、「はじめに」で少しだけ登場した、『7つの習慣』の「重要度と緊急度のマトリクス」によって考えを整理することは、ここでも有効です。

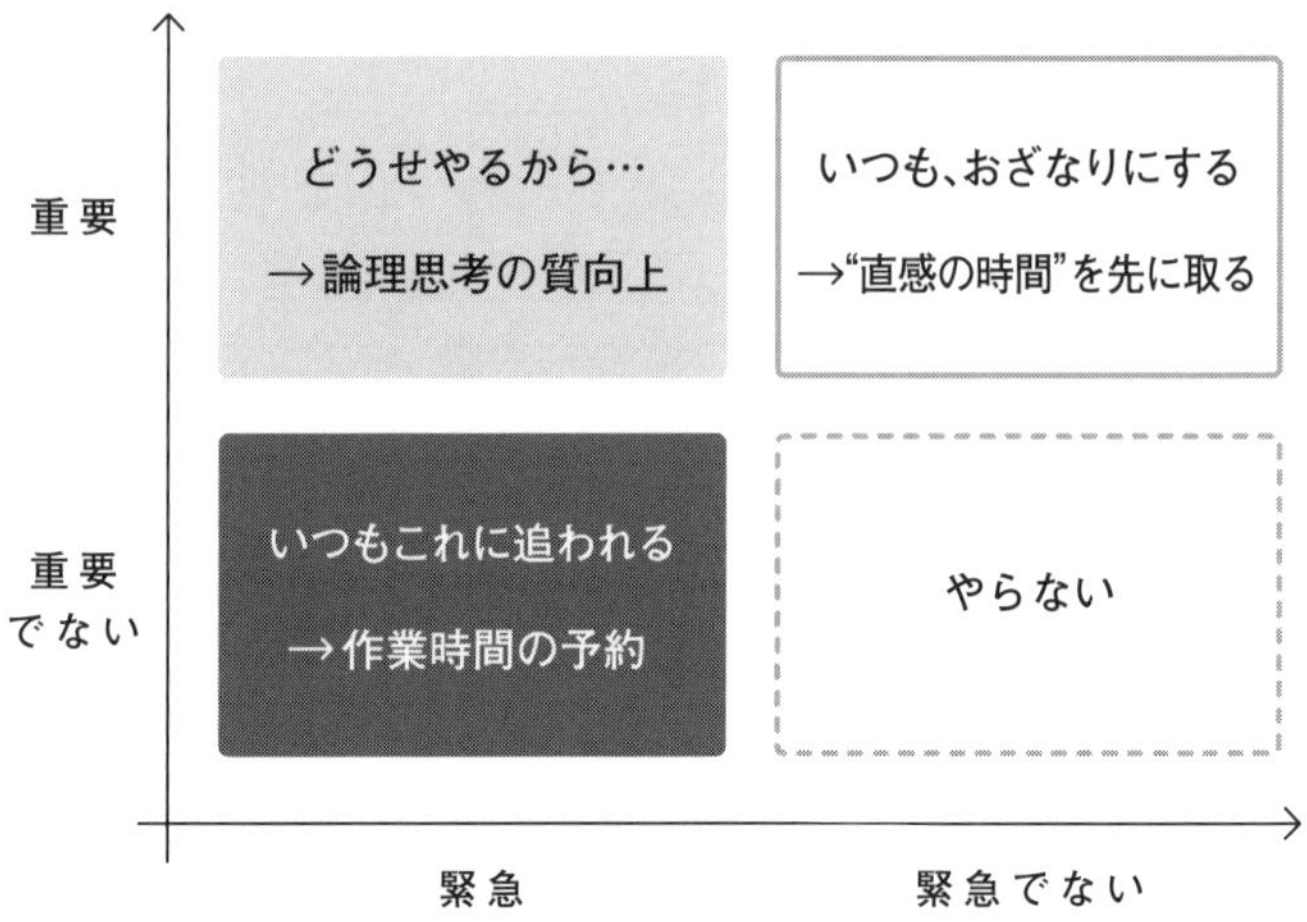

重要度と緊急度でタスクを整理して、できれば、「**重要だけれど緊急性の低いもの**」の時間を確保することが大事です。

私が分けている「理論」「直感」「単純作業」は、上の図のような区分になります。

おそらく、みなさんは「重要かつ緊急なもの」のタスクが最重要だと思うでしょう。

この領域のタスクは周囲からの要請や〆切によって、緊急性が高く設定されていて、上司やチーム内でも「今週、もっとも大事な仕事だ」と共有されているかもしれません。

これらは、考えるフェーズはほとんど終了し、「あとは、それをどのように実現していくか」という実行するための思考をすることが増えていることでしょう。

つまり、**やる気にかかわらず、「どうせやる」のです。**

そのため、タスクをきちんと進めていくための論理的な思考の時間を持つことは大事ですが、この領域のタスクそのものは最重要ではありません。

このような論理の脳を使う時間は、私の場合、チームや上司との打ち合わせ・相談の前後に置くようにしています。

前に置くときは、「相手に説明ができるよう整理するため」の、後に置くときは「タスクに関わる全員に整理して周知するため」の時間にしています。

特に、私のように中間管理職に位置し、多くのステークホルダーと連携する必要がある立場の人であれば、この時間を確保することの意義は非常に大きいです。

次に説明するのは、「重要ではないけれど緊急なもの」です。

要するに、**単純作業で終わるようなタスクです。**

これは、「作業」の時間として、好きな音楽を聴きながら、気張らずに進められる仕事として設定しています。

この時間は、つい後回しにしてしまうことが多く、そのため残業やダラダラ仕事になってしまいがちなので、先に時間を予約しておくと、精神衛生上、とても楽になります。


このことの重要性は、「ツァイガルニク効果」という現象で説明できます。

心理学者のブルーマ・ツァイガルニクは、「目標が達成されない行為に関する未完了課題についての記憶は、完了課題についての記憶に比べて想起されやすい」という事実を実験的に示しました。

つまり、**目の前でやっているものとは異なる課題を思いついてしまったとき、その課題は、未完了な状態なので思い出しやすく、結果、目の前の課題への集中の邪魔になる**ということです。


そうなると、いろいろなタスクが想起される度に、

「ああ、また終わっていないタスクを思い出した。ToDoリストを見るのも億劫だ……」

と、どんどんつらい気持ちになってしまいます。

この集中の妨げを回避するためには、タスクが溜まっていても、**「後でちゃんと作業の時間を確保しているから」**と思える状態にしておくと支えになります。

また、自分にとって重要ではないのに相手から急がされている仕事も、この作業の時間に回してしまうようにしましょう。

最後に、「直感の脳」の時間ですが、これは「重要だけれど緊急ではない」の領域になります。この時間こそが、本書で大事な部分なので、別の技法としてまとめておきましょう。

技法18 「自分にとってだけ緊急のこと」を大事にする

先ほど少し触れた「重要だけれど緊急ではない」という領域に目を向けるのは、非常に大事なことです。

その行為は、社内の上司やチームの中で、「まだ共通認識ができていない」という、次なるイシューを探すことだからです。

もう少し噛み砕きながら説明していきましょう。

技法17で語った「緊急性の高い重要なタスク」は、いわば、すでに社内で取り組んでいる事業を回していく行為です。もちろん、会社を維持していくためには必要です。

しかし、今後、不確実性が高まって事業環境において中長期的に考えると、そうした既成概念からは解き放たれなければなりません。

いわゆる、イノベーションを起こすためには、**まだ社内で誰も気づいていない課題を発掘すること**が求められます。

そして、そのための時間をちゃんと確保することが、今後の時代を引っ張っていくリーダーの必須条件でもあります。

直感の脳を働かせる時間は、もちろんクリエイティブ系の仕事であれば重要な領域ですが、それ以外の分野の仕事でも求められることなのです。

ですから、この1週間を振り返り、そういった時間が取れていたかを見直してみてくだ

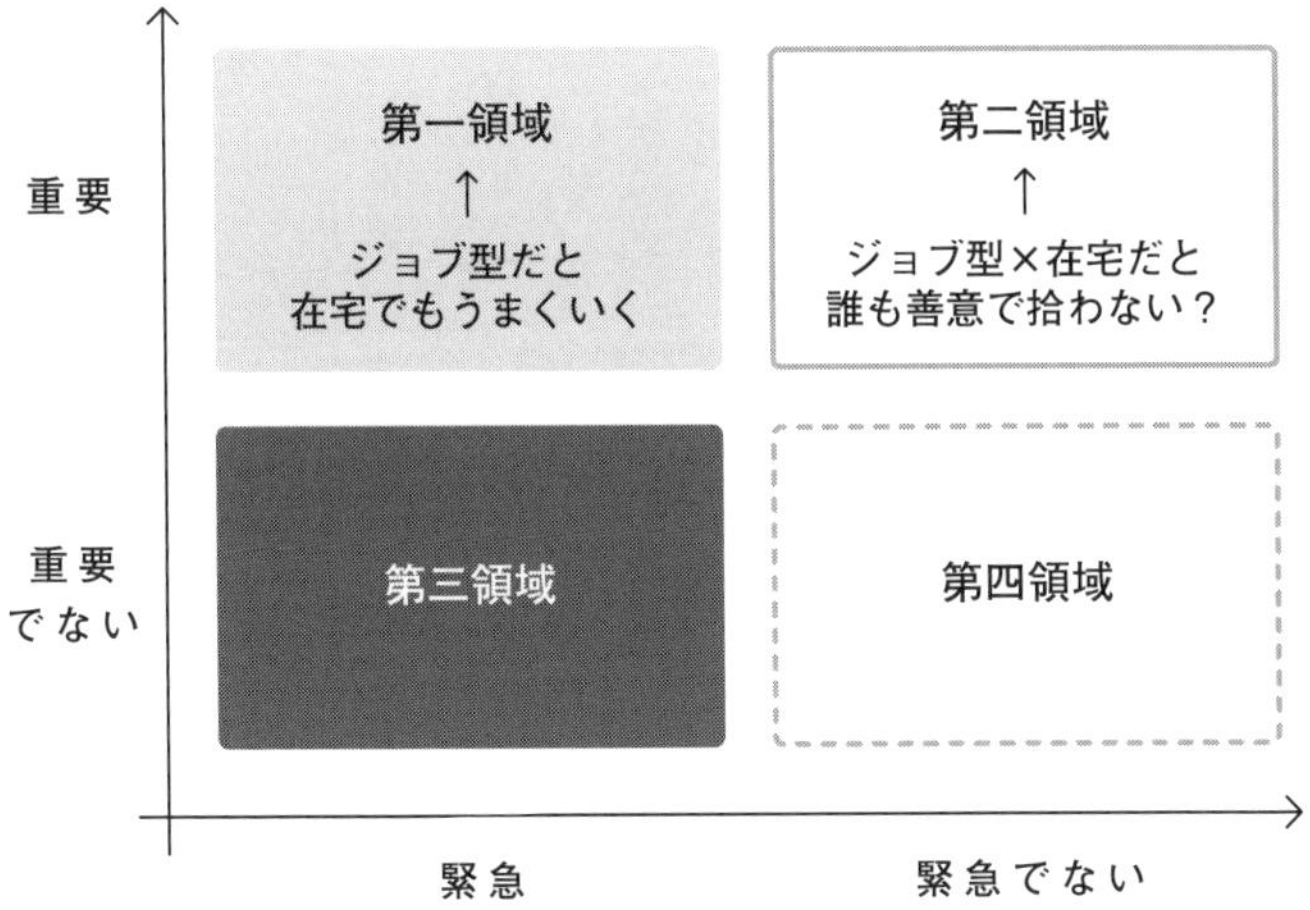

さい。

また、第二領域が重要になっている背景がもうひとつあります。

これは、メルカリの人と話したことですが、そのエンジニアは、オフィスでみんながリアルでコミュニケーションが取れるからこそ生まれるものがあると言います。

それは、**「元々、ジョブとして定義されていないけれど重要なタスクに気づける」**ということです。

リアルにいるからこそ、お互いがそれらのタスクを善意で拾い合って、サービスレベルを向上しようとするのだ、と彼は話しました。

図にすると、上のような状態なのでしょう。

やはり、第二領域に関しては、チームで仕事を進める際にも、細やかな気づきや違和感を拾うことで仕事の精度が上がっていく性質があります。

日本企業が在宅勤務に弱い理由として、元々ジョブ型になっておらず、個々人の業務内容や成果が定義されていないことが言われます。

だから、第一領域「重要かつ緊急」のタスクのように、滞りなく進む仕事ばかりが中心になるのです。

先ほどのメルカリのように、仕事を分担してマイクロマネジメントせずに、**個々人が個人経営者のように成果にコミットしつつ仕事が進められること**は、これからの働き方としてとても重要なことです。テレワークが多くなると、その第二領域の課題の発掘を、時間管理で補完していくことが求められるでしょう。

また、それは本書で語っている「ワーク・セルフ・リレーション」でいうと、「ワーク」の中の「1人の時間」の予約のことです。

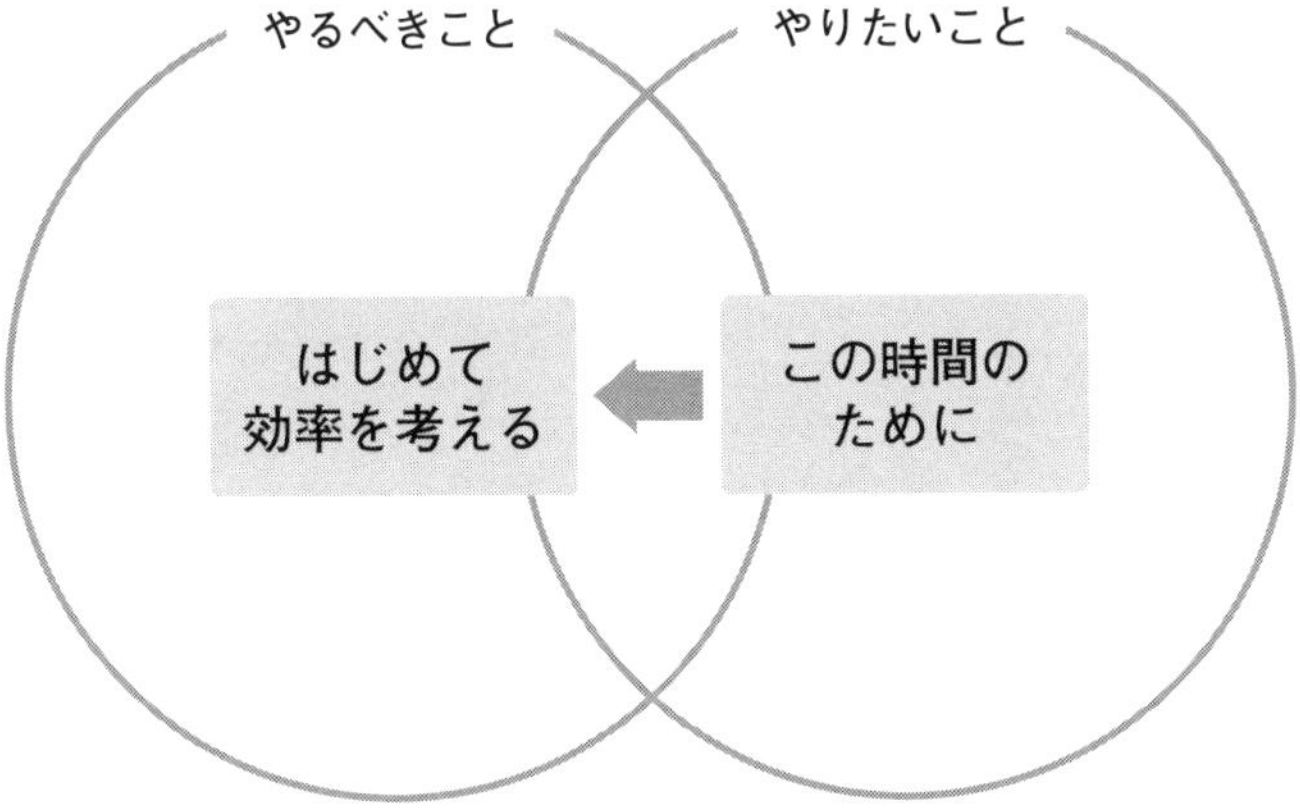

ですから、本来はその上位の時間から含めて捉え直すことがとても大事です。

第二領域の「やりたいこと」の時間のために、第一領域や第三領域の「やるべきこと」の効率を考える、という順番です。

それが、上の図です。

ちなみに、これは「やりたいこと」がワークと一致しているワークアズライフ的な人にとっての戦略です。

もしくは、「やりたいこと」がセルフやリレーションの時間にあるようなワークライフバランス的な人も、ワークを効率化して家族や趣味の時間を最大化させることを考えたほうがいいでしょう。

「集中できる時間」を死守する戦略

前項までで「直感の脳の時間」が人生でもっとも大事な時間であることがわかっていただけたでしょうか。

それを軸に、さらにやっていただきたい技法を説明します。

177ページで、私のスケジュールを紹介しましたが、そこでは「直感の時間」を、1週間の最初である「月曜の朝9〜11時」に設定していました。

月曜の朝は、できるだけPCを開かずに、「今週は何をしようか」などということを、ぐるぐると考えるようにしています。

そのワケを元に説明していきましょう。

技法19
「自分の集中できる時間帯」を知る

なぜ、「朝9〜11時」を重要な時間としているかというと、私の場合、集中を示す数値がもっとも高くなるのが、この時間帯だからです。

それは、JINS MEMEで測った結果もそうですし、もちろん自分でも「集中できたな」と実感するのもその時間です。

ちなみに、2番目に集中できる時間帯は「夕方4〜6時」でした。

「はじめに」でも述べたとおり、私は以前はコンサル業界にいたため、超夜型の生活でした。

しかし、DeNAのMYCODEという遺伝子検査のサービスを受けてみた結果、夜ふかし傾向が弱いタイプであることがわかりました。

SNPという遺伝子型で分かれるのですが、そもそも、MYCODEで引用されている秋田大学の研究では、**ほとんどの日本人が「夜ふかし傾向が弱い」という遺伝的傾向を持っ**

ているそうです。

さらに、この研究では、遺伝子型に関係なく、年齢が高い人のほうが朝型傾向であるというデータもあります。

加齢とともに体内時計が前倒しになり、「夜型だった人も朝型になる」というのはすでに知られています。

一般的に言われている「**朝型にしたほうが仕事がはかどる**」という論調は、概ね正しいのです。

ここで大事なのは、「自分はこの時間帯には集中できる」と自覚し、それを守ることです。

ビズリーチ社のエンジニアを対象におこなった実証実験では、最初の1週間で個々人が集中できる時間帯を判定し、次の週にその時間帯を最大限活用するようにスケジュールを最適化しました。

すると、**全体で6%ほど集中時間が延びた**のです。

私の場合も、「朝9～11時」と「夕方4～6時」には、できるだけ会議などの予定は入れないようにして、自分の時間を守っています。

もちろん個人差もあるので、まずは自分の集中できる時間帯を知り、その時間を死守するようにしましょう。

技法20 時間を決めて「デジタルデトックス」をする

もうひとつ、私が気をつけていることは、月曜の朝は、「できるだけPCを開かない」という方法です。

特に、アイデア系の思考をしたいときには、いきなりPCを開かないようにしましょう。

なぜなら、**PCを開いてまず人がすることは、決まって「受動的な行為」だからです。**

「メールをチェックする」「調べ物をする」などの行為はほとんどが受動的で、気づいたらネットサーフィンやSNSのチェックが止まらなくなっています。

それを意志の力で我慢するのは、とても非効率なことなので、**「初めからPCを開かない」**というのが、最適な方法なのです。

その後、本格的に1週間が始まると、周囲の人の動きに流されざるを得なくなります。

だから、自分でコントロールできる「1週間の最初の時間」くらいは、ネットから切り離された時間を過ごすようにしています。

「はじめに」で触れたように、人の脳は、「深い集中」に入るまでに約23分かかります。その23分は、メールやコミュニケーションチャット、オフィスでのちょっとした雑談によって、あっという間に遮《さえぎ》られます。

仕事が多ければ多いほど、相手からのコミュニケーションを求められるため、**結局、1日で一度も「深い集中」に入れないままその日を終えることもあるでしょう。**

我々がスマホやPCを見ている時間は、20〜50代の平均で1日「11時間以上」にも及ぶというデータがあります。

リモートワークになれば、それがさらにエスカレートします。

「オフィスにいないぶん、いつも以上にコミュニケーションチャットやメールから目を離さないようにしないと……」

と思っている人も多いのではないでしょうか。

深い集中に入るためには、デジタル機器から強制的に離れる行為、「デジタルデトックス」の時間を設けることが必要不可欠です。

たとえば、作業をする前には、ＰＣのＷｉ‐Ｆｉを切るようにします。

そして、その時間内で仕事の骨子を固めたりします。

もし、調べたいことや人に聞きたいことが出てきても、その場ではリストにまとめておくだけにします。

後で「単純作業」の時間帯に一気に調べるようにします。

また、おすすめなのが、**1日の中で「メールやチャットを何回、確認したか」を数えておくこと**です。

上限回数を設けるのもよいですが、まずは回数を見える化してみてください。

「20回以上もチェックしていたのか」

「そのうち2件しか大事なメールは来ていなかった」

など、**見える化するだけでも、これまで必要以上に確認していたことがわかるでしょう。**
すると、おのずとチェックする回数は減っていきます。

こうしてネットから切り離されることで、あなた自身の思考は形成されますし、178ページの「第二領域」へとリソースが向かっていきます。

この点は、在宅勤務になったことで、特に意識的に取り組まなければいけなくなりました。

なぜなら、「連絡が来ていたらすぐに返さなければ……」という不安に取り憑《つ》かれたり、心理的安全性が損なわれたりしているからです。

いつでも反応できるように構えていると、自分の時間がどんどんなくなっていきます。

この問題はとても根深いので、次のテーマで詳しく掘り下げましょう。

職場で起こる「メンタルの問題」に向き合う

目の前のことに集中することと周囲に注意を向けることとは、まったく異なる領域の能力です。

「はじめに」でも「脳はマルチタスクができない」と書いたとおり、話しかけられることや連絡に反応するためにアンテナを張っている状態では、目の前のことに向かうことはできません。

ここでいう、「目の前のことに集中する」とは、**狭い範囲で深く注意を向ける状態**を指します。逆に、広い範囲に注意を向けると、集中は浅くなります。注意を広げることと集中を深くすることとは両立できません。

では、どうすれば深くできるのでしょうか。

ここで必要なのが、「**心理的安全性**」というキーワードです。

技法21
「心理的安全性」を確立する

グーグルが実施した生産性向上計画「プロジェクト・アリストテレス」の結果、生産的なチームに必要な条件が「心理的安全性」だったそうです。

不必要な不安や恐怖が取り除かれた状態であれば、「安全に仕事に向き合うことができる」ということです。

また、集中を高めると言われる「マインドフルネス」でも、最初に習うのは「今に心を集中すること」で、それを妨げるのが「**過去への後悔**」と「**未来への不安**」です。

こういった心理的な問題を解消しておかないと、深い集中は勝ち取れないのです。

過去への後悔に対処するには、「**変えられないことは悔やまない**」に尽きます。

ドイツの心理学者エビングハウスがおこなった実験では、人の記憶は時間の経過とともに薄れていくことが証明されました。

過去の失敗にいつまでも心がとらわれてしまう人は、「周りのみんなは誰も覚えていな

エビングハウスの忘却曲線

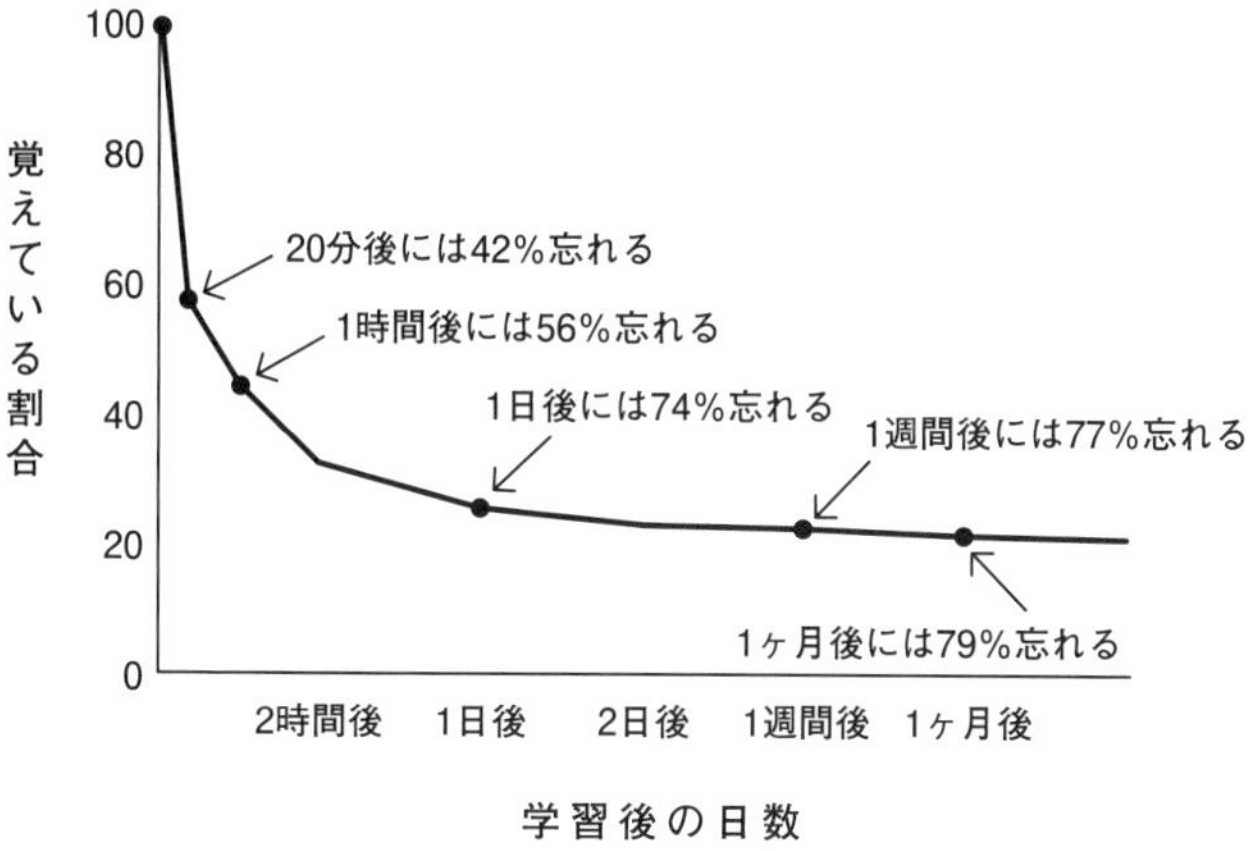

い」と開き直ってみましょう。

もし、過去の失敗を責めるような上司やチームなのであれば、それはあなた自身ではなく「環境が悪い」と考えるべきです。

また、昨今の状況下で、より多くの人が「未来への不安」を抱えていると思います。しかし、漠然と不安を抱えて目の前の仕事に集中できなくなるのでは、元も子もありません。

未来を漠然と不安視するのではなく、今、何ができるのかを考え、「目の前の仕事」に向き合う。本書で語ってきた技法を駆使し、視点を「今」に向けることが大事です。

もちろん、すべてを楽観的に考えることは間違っています。

ここで参考になるのは、京セラの創業者・稲盛和夫《いなもりかずお》さんの言葉です。


〝楽観的に構想し、悲観的に計画し、楽観的に実行する。〟


この言葉が表すことは、経験上、多くのパターンで合致します。

「計画」の段階では理論的に慎重に検討すべきですが、その前後の**「構想」と「実行」のフェーズでは、解決不能な不安にとらわれない鈍感さで臨むこと**が重要です。

本書の言葉でいうと、「直感の脳」でリラックスして考える姿勢が求められます。

不安の対処についても、ここまでの内容が役に立つことでしょう。


しかし、それでも振り切れない不安もあると思います。

仕事上、どうしても出てくる不安について、次の技法を説明しましょう。

技法22

「迷う時間」と「迷わず進める時間」を分ける

仕事をしていると、「このままこの作業をしていて大丈夫かな？」という不安に陥ることはないでしょうか。

特に、リモートワークや在宅勤務で1人の時間が続くと、なおさらそう感じるかもしれません。

また、日本人は、相手の気持ちを察する能力に長《た》けた国民性だと言われていて、このような特徴は「ハイコンテクスト文化」と呼ばれています。要するに、「**空気を読む文化**」です。

ハイコンテクスト文化は、無用なトラブルを生まない半面、相手の気持ちを過度に意識してしまい、不安を助長するというデメリットがあります。

不安を抱えたままでは、目の前のことや1つのことに集中できなくなります。

そういった状態から生まれる不安によって、「集中が途切れてしまう」ということが、

JINS MEMEを使った実験でも明らかになりました。

アプリ開発のデザイナーを対象に集中力トレーニングの実験をおこないました。

彼らの作業中の集中度を計測したところ、全計測時間内での集中時間の割合は、新人デザイナーは34・5％でしたが、中堅デザイナーは69・1％という結果でした。

さらに特徴的な点として、新人デザイナーは作業開始から10分ほど経過すると、徐々に集中力が落ちていきました。

それぞれにインタビューをしたところ、新人デザイナーは「**当初想定していたデザインの方向性が正しいか不安になり、混乱した**」と胸中を明かしました。

一方、中堅デザイナーは「デザインで実現しようとしている目的を考え切るまでは、手を動かさなかった。考え切ってから動き始めれば、途中で不安になりにくいし、もし迷ったら手を止めて考え直せばいい」と語りました。

この実験が示すのは、深い集中で作業をするためには、**作業する前に「これは何のためにするのか？」という「なぜ（Why）」を考え切ること**が重要だということです。

つまり、「迷う時間」と「迷わず進める時間」をハッキリと区切り、今、どちらの時間なのかを自覚できているかどうかが大切なのです。

この例は、「デザイン」という、言語化しにくい課題だったため、特に迷う時間が長いのが特徴でしたが、どんな仕事であれ大なり小なり迷いは生じるはずです。

そして、迷いが生じたら、「**すぐに人に聞く**」「**自分で考える**」という時間を作って立ち止まり、それを解消してから、「迷わず進む時間」に移行するべきです。

この切り替えを意識的にやることで、不安による集中の妨げは回避できるはずです。

ぜひ、人に聞くことに対する心理的ハードルを下げるようにしましょう。

ソロワークの「時間サイクル」

さて、ここまで、ソロワークについて、「いつ何をやればいいのか？」というタイムマネジメントの観点から、さまざまな集中のための方法を紹介しました。

コワークの話に移る前に、1日の中での時間サイクルを作る話をして、ソロワークの話を終えようと思います。

技法23 自分なりの「ポモドーロ」を確立する

効率的な仕事をする上で、ここまでで語ってきたように、タスクへの優先順位付けや時間配分は重要です。

その上でさらに、パフォーマンスを高める方法として有名なのが、「**ポモドーロテクニ**

ック」です。ご存じの人も多いかもしれませんが、簡単に説明しましょう。

「ポモドーロテクニック」とは、時間分割によって作業効率を高めるタイムマネジメント術です。

一般的に、「25分の作業時間」＋「5分の休憩時間」を1セット（＝1ポモドーロ）として、4ポモドーロ（2時間）ごとに30分程度の長めの休憩時間を取ります。

そのサイクルを繰り返すことで、**作業と休憩が交互になり、退屈せずに集中が長時間キープできる**と言われています。

これに加えて、私たちのJINS MEMEによる実験では、人によってサイクルが異なる、という結果が出ました。つまり、ポモドーロテクニックどおりに「25分の集中＋5分休憩」のサイクルが最適な人もいれば、「15分の集中＋3分休憩」というサイクルが最適な人もいるなど、個人差があったのです。

おすすめなのは、まず標準的な「25分の集中＋5分休憩」から始めてみて、「もっと集中できるな」「休憩はもうちょっと取りたいな」など、**自分に合った時間サイクルを試行錯誤してみること**です。セオリーどおりに「25分やらなければ」「5分休まなければ」と、無理に合わせる必要はありません。

技法24 「アクティブレスト」をする

また、休憩の内容も重要です。

4ポモドーロ後の長めの休憩をどう取ればよいか考えておきましょう。

よくあるのが、パソコンによる作業を続けた後に、そのまま動画を見たりするような休憩ですが、それでは休憩にはなりません。

「アクティブレスト（攻めの休息）」という概念があります。

たとえば、ビジネスパーソンが、出勤前後におこなうランニングや筋トレなどが、これに当てはまります。

運動が脳の活動によい影響を与えるのは多くの研究で証明されていますが、特に、ウォーキングのようなリズミカルな運動は、心身の安定をもたらす「セロトニン」の分泌量が増え、リラックスしやすくなります。

このように、長めの休憩のときには「**作業とは異なる刺激**」を与えることが大事です。

五感の刺激については、1章の121ページを読み返してみてください。

また、アクティブレストの一種として特に有効なのが「**パワーナップ**」です。これは、昼食の後にとる15〜30分程度の「仮眠」のことで、「睡眠不足の解消」「疲労回復」「脳の活性化」「集中力の向上」といった効果が認められています。

ただし、30分以上の仮眠は深い睡眠に入ってしまい寝覚めが悪くなるため、疲労が増して逆効果です。

ちなみに私の場合のアクティブレストは、「風呂に入り、湯船に浸かること」です。多いときには、1日に4回ほど入ります。また、テレカンをベランダでおこなったり、リラックスするアロマを嗅いだりして過ごしています。

五感の刺激が大事だといっても、味覚への刺激が多すぎると太ってしまうので、触覚や嗅覚への刺激をおすすめします。

以上でソロワークの方法論を終わります。

コワーク（会議室）の戦略

次に、オフィスでおこなうコワークについてです。

「目の前の人との会話や議論に集中する」という意味では、集中はソロワークだけに必要な力ではありません。

人と協力する場面というのは、多くは会議や打ち合わせになるでしょう。

コワークの技法を紹介する前に、少しだけ「会議室の未来」について語っておこうと思います。

というのも、じつはコロナ前の段階から、会議室は余っていた可能性があるからです。

私たちThink Labでは、2018年度に経済産業省からの調査事業を引き受けました。[註21]

その中で、経産省の会議室ごとの座席の稼働率を調査しました。

その結果わかったことは、「20人以上のキャパの大会議室は、平均稼働率が20％台。10人前後のキャパの会議室も、平均稼働率が30〜60％台で、平均利用人数が3〜6人」ということでした。

つまり、会議室は多くのムダを含んでいたのです。

さらに、JINS MEMEによる集中度の計測によると、**「集中できない」という会議室も多くある**ことがわかりました。

ビフォアコロナの時点で、多くの会議室は最適なサイズで設計されておらず、その場所を別目的で活用したほうがいいという結果が出ていたのです。

「テレワークしか知らない世代」の登場

私たちThink Labでは、2020年に新卒採用をおこない、1名を採用しました。

2年前まではLTE回線も届かない地元の実家に住んでいたのに、ITリテラシーが非常に高く、私も教えられることが多いです。

そんな彼は、コロナ禍の真っただ中に採用されたので、ほぼすべてリモートによって在宅勤務をしています。

こうした「テレワークしか知らない世代」がこれから先、増えることになります。

すると、彼らから「その会議、対面でやる理由はありますか？」と聞かれることが当然になります。

その質問に答える形で、会議や打ち合わせなどの対面スキルが今後どうなるのか、どんな技法があるのかについて説明していきます。

大きく分けると、**「相手が誰なのか」「どんな内容なのか」**という2つの軸があると考えられます。

その2つに分類して見ていきましょう。

その会議、相手や参加者は「誰」なのか？

まず考えるべき要素は、相手や参加者が誰なのかという点です。

これは、外部の人か、内部の人か、という観点では、どちらもテレカンで十分になったと思います。むしろ、話す内容を決めてから最低限の打ち合わせをするだけであれば、外部の人とはテレカンのほうがしやすいぐらいです。

在宅勤務開始時には、「初対面でテレカンはさすがに苦しいかも」と思っていましたが、1ヶ月もすれば、**一度も会ったことない人ともちゃんと議論ができていると実感できることがわかりました**。

おそらく、みなさんも同じだと思います。

私たちThink Labのチームには、2020年4月から参加したメンバーが3人いますが、その3人同士は一度も会ったことのないまま、業務に取り組んでいます。

ここまでの話であれば、もう対面のコミュニケーションは必要ないように聞こえますが、1つ対照的なエピソードを紹介します。それは、フリーランスの仲介サービスをしているある会社の社長の話です。その社長は、次のように話しています。

「フリーランスと発注企業側の人は、会わなくても仕事ができるけど、一度でも会っていると『単価』が上がるんだよね」

これが表すのは、やはり、**人はリアルで会ったからこそ「情が湧く」という観点**は間違いなくあるということです。

我々の慣れの問題もありますが、これは1つ大事な要素として残るように感じます。

その上で、必要になってくるスキルについて、次から語っていきましょう。

技法25 「テレカンリテラシー」を上げる

先ほどの例はありますが、だからといって「社外の人とは初回は必ず直接会うべきだ」

というのは極論だと思います。

ほぼ毎日8時間程度、テレカンをして暮らしている私にとっては、自分の中でテレカンリテラシーが上がってきていることを感じます。

そのリテラシーで解決できるなら、やはりスキルは身につけたほうがいいでしょう。

必要なスキルのひとつが、**「オーバーリアクション」**です。

以前に観衆がまったく見えないウェビナーのプレゼンをしたことがあるのですが、聞き手の顔やリアクションが見えないまま話すのは非常につらいことでした。

やはり人は反応をやりとりすることで、コミュニケーションを円滑にできるのです。

そこで、まずZoomなどでの会議の動画の1コマあたりの時間を調べてみました。

すると、うまくつながっているときで、1コマ約0・08秒くらいでした。

一方、リアルで誰かと対面しているときの速いうなずきは、1秒で4回くらいのスピードです。

つまり、1秒に4回＝0・25秒に1回になるので、リモートでは3枚の画像しか送られていないことになり、その4回のうなずきは相手に見えません。

実際は4回もうなずいているのに、それが伝わらないのです。それを避けるためには、「ややオーバーに大きくゆっくりうなずく」という方法が有効です。

他に使えるテクニックは、「**リアルタイム議事録によるファシリテーション**」と「**プレゼン時の姿勢**」です。

1つ目は、リアルタイムで議論内容を書きながら話す能力です。

リアルな会議では存在しなかったファシリテーションとして、**Zoomなどのチャット機能でのテキストや、パワポやホワイトボード機能を駆使できます**。

これまでの会議においては、ホワイトボードの前に立って場を仕切るのはハードルが高かったでしょうが、それがリモート会議では誰にでもやりやすくなりました。

この能力は、ぜひ鍛えたほうがよいでしょう。

もうひとつは、プレゼン講師をしている人もよく言う「**1人で数分以上話すプレゼンで**

は「テレカン中でも立って話すべき」ということです。

立っているほうが声に抑揚がつき、人を惹きつけやすくなるそうです。その際には、テーブルに台をのせ、その上にPCなどを置き、スタンディングに適した状態を作る必要があります。

このようにテレカンリテラシーを上げていくことで、初対面の打ち合わせでも問題なく議論ができるようになるでしょう。

技法26 「オーラや空気」を取りこぼさない

では、リモートで100%大丈夫かというと、そうでもありません。

これは、『月刊総務』の編集長の豊田《とよだ》健一《けんいち》さんから聞いた話です。

豊田さんはたくさんの方々にインタビューをしてきていますが、インタビューがリモートになってからは、特に「大物経営者」と呼ばれる方に関しては困ることがあるそうです。

それは、**リモートでは「熱量やオーラが見えない」**という問題です。

ベテランインタビュアーは、聞いている内容（コンテンツ）だけでなく、会ってみた際に感じるオーラ（コンテクスト）で質問内容を変えたり、返ってきた答えの解釈が変わったりするそうです。

自分よりも経験豊かな人の話は、どうしても自分の思考のフレームワークだけでは解釈できない部分が出てきます。

それは、言語化されないので、雰囲気から読み取る必要があります。

私の場合、社長と話すときに、それを感じます。

「今、何が大事で、どういうことに思考を割くべきか」

という問題は、実際に会って話さないと、どうしてもズレが生じてしまいます。

そのため、**社長と話すときだけは会社に行くようにしています**。

そういうオーラ系の人とのコミュニケーションに関しては、いまだに解決策が見つかっていない状態です。

これからは言語だけでなく、こういうオーラを通訳するための通訳者のような役割が必要になってくるのではないかと思います。

新しいものを生み出すためには、自分の思考の外にある思考と向き合うことが必要不可欠です。

文化人類学的な視点ですが、新しい文化圏の人と会う際には、これまでの自分の思考フレームワーク外のものとして、「理解できない前提」で向き合うことが必要です。

そのために、人はわざわざ海外留学をしたり、ダイバーシティを作る努力をしてきたりしたはずです。しかしこれらは、リモートによって失われるものでしょう。

もっと身近な例では、若手のビジネスパーソンが損をします。

うちのチームもそうですが、30代以上の中間層が議論しているとき、若手は内容を聞くだけの場面が多いでしょう。

そして、会議が終わった後に、若手だけのちょっとした雑談の中で、「あの話って、こういうことだよね？」と擦り合わせがおこなわれます。

もちろん私も、20代のときはこの擦り合わせをしていました。

特にコンサルの場合は、お客さんが経営層なので、彼らの悩みを1時間ほど聞いたら、その後、3時間くらいかけて解釈するということもしばしばでした。

このように、かなり年上の人や、経験豊かなベテラン、経営層などと話すときには、**「自分の思考外にあるものを血肉にしていく」という姿勢**でリアルに会ったほうがよいのでしょう。

あるいは、リモート会議のときなどは、工夫が必要になります。

会議の後、マネジャーなどの管理職が先に退出し、若手だけで残ることを定例化するのもありでしょう。

「若手だけが5〜10分で感想をシェアし合う」などがよい方法だと思います。

また、外部の人とリモートで打ち合わせを終えた後にも、内部の人たちでもう一度、擦り合わせる時間を設けるといいでしょう。

オーラや空気に関してはそういった対応で解決するしか、今のところは方法がないかもしれません。

その会議、どんな「内容」なのか？

次に、打ち合わせや会議の「内容」を分けて見ていきましょう。
次の4つの分け方ができると思います。

1 「報告・連絡」か「相談」か「交渉」か
2 「戦略・計画」か「管理・実行」か
3 「アイデア創出」か「業務の落とし込み」か
4 「まじめ」か「雑談」か

先に結論を書くと、「上の要素ほどリモートで十分で、下の要素ほどリアルのほうがよい可能性が出てくる」ということになります。それぞれ説明していきましょう。

技法27

「交渉」以外はリモートで解決する

最初の項目の1つ目「報告・連絡」についてです。

わざわざ時間を合わせて会議をすることはムダが多い、という論調は昔からあったと思います。

堀江《ほりえ》貴文《たかふみ》さんが、**「電話してくる人とは仕事しない」**と語っていたのが印象的ですが、コミュニケーションツールがこれだけ進化している世界で、わざわざ時間を合わせて情報の確認をするだけのやりとりは必要ないはずです。

しかし、139ページで述べたように、チーム内のお互いの仕事へのチェックインとチェックアウト機能のための朝礼や夕礼は、テレカンで残してよいと思います。

2つ目は、「相談」系です。問題や課題を設定して、それについて話すだけであれば、リアルな会議でやる必要は一切ありません。

流行りの1on1(ワン・オン・ワン)のように、個人的な悩みを聞くような相談でも、

テレカンで十分でしょう。昔は、10代同士の恋愛相談なども、電話で可能だったわけですから不可能ではないことです。

最後に、「交渉」系です。

これは、営業などのやり方次第ですが、リアルの優位性は残るでしょう。

「身を乗り出す」「腕まくりをする」「目を見て話す」というような、こちらの雰囲気を伝えることの難しさがリモートにはあったりします。

また、わざわざ来てくれたことそのものが、「**せっかくだから優先的に発注しよう**」となる世界でもあるので、リアルであることの効果が残ります。

それでも、相手によっては、売り込みが嫌いだったり、効率的な方法を好んだりする場合もあるので、相手によって見極める力が試されるでしょう。

いずれにしても、両方のスタイルが求められるのは間違いありません。

技法28

「やり抜く」ためにリアルを共有しておく

次に考えるのは、「戦略・計画」か「管理・実行」かという軸と、「アイデア創出」か「業務の落とし込み」かという軸です。

これらは、2つ同時に語れる内容なので、一緒に解決策を示します。

コンサル時代に私がよく使っていた普遍的な業務の流れは、次のとおりです。

戦略 → 計画 → 管理 → 実行（いわゆる「SPCO」という概念）

これは、後工程になればなるほど、アジェンダを組んで業務の落とし込みをしていく「効率化・実行力」が効いてくる領域になります。

したがって、チームや相手に言葉で伝えて動かす力が大事になり、その内容はテレカンで伝達すれば事足りるように見えるでしょう。

逆に、前工程は、クリエイティブ系でアイデア創出が必要なので、リアルな会議でホワイトボードを用意してブレストをしたほうがいいように見えます。

しかし、実際はまったく反対だというのが私の考えです。

私の今の主な業務は、前工程の部分なのですが、**ホワイトボードがなくても「Miro」という仮想ホワイトボードツールや「Google Slides」「パワポのリアルタイム共有」など、ツールが充実しているため、リアルな会議よりもアイデアが出にくいという感覚がなくなってきている実感があります。**

リモートであれば、ベテランが空気で場を支配することもないので、若手からの意見も出てきやすくなります。

そして逆に、後工程の実行の領域ほど、リアルの機能が効いてきます。

これは、日本型経営のよい部分と悪い部分を併せ持つのかもしれませんが、1つの定量目標のためだけにひとりひとりが機能的に動くという効率的なやり方は、なかなか日本の実行部隊には馴染んでいません。

GRIT（やり抜く力）という言葉が流行りましたが、実行のフェーズで競争力を持っている多くの日本企業では、「**チームでのやる気をお互いに高め合って協調する**」という言語化しにくい世界が、強さの元になっているのを見受けます。

心理的安全性を感じ、お互いが自己肯定感を持って、GRITを発揮するチームであるためには、定期的にリアルで顔を見合わせ、気持ちを束ねるための「**儀式的な集まり**」が重要になってくるようです。

また、合宿所のようなサード・プレイスの価値が見直される可能性も高いでしょう。

私たちJINSも小売店なので、リアルな場でメガネを購入するという体験を提供しています。

そのため、サービス提供者として、管理や実行フェーズにおけるブランドの理解浸透を極めて大事にしています。

リアルな体験価値が求められ、気持ちを束ねる装置として、オフィスができることは残ると思われます。この点は、あらためて終章でも述べます。

技法29 「雑談」の価値を見直し、そのためにリアルを残す

最後は、内容が「まじめ」か「雑談」かという軸です。

これは、想像通りの結論だと思いますが、

「まじめなものはテレカンで十分」

「雑談の価値が見直され、むしろそのためだけにリアルがあると言える」

だと私は考えています。

まじめなものとは、「アジェンダを組んで、ゴール設定をする」というように、「想定どおりにいくことが大事」なものです。

一方で、雑談とは、「無目的な会話」というような意味で、「**想定外のことが見えてくることが大事**」です。

1章では、主に「3つの脳」の切り替えが必要だという話をしましたが、これで言うと、

・理性の脳は、「想定通り」を推し進める

・直感の脳は、「想定外」を生み出す

と、それぞれ対応しています。

ソロワークのときだけでなく、コワークの場面でも、直感の脳を働かせる工夫が必要になります。

組織での場合、テレカンは「理性の脳」に向いていますが、**「直感の脳」はリアルな場所のほうがよく働くようです**。

直感の脳を活性化させるためには、ゆらぎやゆとりが必要です。

実際に会うことで五感への刺激にもなりますし、少し理性を抑えるためにはアルコールやおいしい料理があるほうがよかったりします。

喫煙者が、「重要なことは喫煙所で生み出されていた」と主張することがありますが、あながち嘘ではないのでしょう。

ここでは、雑談場所に向いている席の形についてポイントを押さえておきましょう。

左の図では、席の配置・位置による会話の量を示しています。[註22]

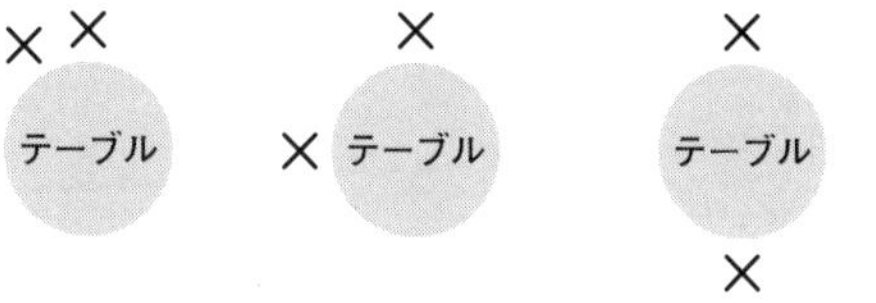

	近い位置	90度の位置	向かい合う位置
会話量	◎	○	△
競争（どちらが先に課題を解けるか）	×	△	◎

これによると、**円卓の90度以下の角度の席の配置が、もっともうまくいく**という結果が出ています。

感覚的ではありますが、一般的な会議室では、１８０度の角度、つまり相手と向き合う形が基本なので、心理的に対立しやすい構造です。いわゆる、ディベートになりやすい感じです。

一方で、90度以下の角度であれば、同じ方向を見て話をすることになるので、前向きなディスカッションになりやすいでしょう。

これは、たとえば、ドライブしていると会話が弾みやすくなることや、カウンターテーブルのときとテーブル席のときでは、会話の雰囲気が変わることからも、同じことが言えます。

つまり、**現状の「向き合う形の会議室」は、雑談をうまく引き出す形になっていないこと**は間違いありません。


また、古くから日本では雑談する場所は「ちゃぶ台」でした。

ちゃぶ台は、円卓で人数に合わせて詰めればよいので、四角い机に比べてたくさんの人が座れますし、途中からの参加や退席がしやすい構造です。

また、多国籍で雑談をするときの象徴だともいえる「英国風パブ（ＨＵＢ）」も、円形のスタンドで飲む形になっています。

これらの形を参考に、法人社内の会議室を見直すことが求められるのではないでしょうか。


以上で目の前の人に集中するコワークの技法は終わりです。

ここまでの話を踏まえて、冒頭に紹介した「この会議って、対面でやる必要ありますか？」という質問に対する模範解答は、次のとおりです。

・相手・参加者が誰かを考えて…

自分の思考のフレームワーク外の思考をくみ取る必要があるときだけはリアルにする。

・どんな内容かを考えて…

「交渉」の場合だけ、リアルが効果的かもしれない。

GRITを発揮して仕事をするチームにおいては、気持ちを束ねる儀式のためにリアルの場が残る。

雑談を引き出すのがリアルの場の最大の目的。ただし、向き合う形ではない新しい会議室の在り方が求められている。

以上の2つの軸で判断するようにしましょう。

さて、2章では主に「セカンド・プレイス」でのソロワークとコワークを一から捉え直し、「いつどこで働けばよりよく働けるのか」を見てきました。

特に重要なのは、「自分にとって重要なこと」を「きちんと時間をとって取り組む」という姿勢です。

それが何においても一番の軸になるように、場所と時間を自ら選択する働き方をつくり出していきましょう。

そのポイントを押さえていただき、3章では「誰と何をやればいいのか」という、より具体的な目的を見つけるための戦略を語ります。

第3章

「夢中で働く自分」を取り戻す

――「誰と何をやるか」を問い直す

「個人の独創」がマストな時代

「未来への不安は、いま目の前の集中を妨げる」

１９４ページでそのように述べました。

日本における未来への不安が語られるとき、決まって過去や他国と比較されます。

「JAPAN AS No.1 の時代はよかった」

「中国などの成長市場のような温度感にはなれない」

「最近の若者は本気で仕事をしない」

私自身、１９８３年生まれの30代なので、このような論調で語りたいとは思いません。

「30年前の世界時価総額ランキング上位は日本企業が席巻していたのに、２０１８年の上位50社にはトヨタしかいなかった」というような話は誰もが聞き飽きたことでしょう。

ただ、間違いなく言えるのは、世界市場でゲームチェンジするような事業開発や、あっと驚くようなサービス・商品開発の中で、**日本発のものが減っている**ということです。

「教育制度のせいだ」
「投資家が保守的だからだ」
「個人への報酬が少ないからだ」
「終身雇用や解雇規制のせいだ」

などと、社会や企業の大きさで課題を捉え、仕組みや制度のせいにするのは簡単です。
しかし、そうした論調では「何も変わらない」ということは、これまでの歴史が証明しています。

社会や企業の問題にするのではなく、いったん、個人の考え方に問題があるというスタンスを取らないと、何も前に進みません。

いつだって「個人」が歴史を動かす

人によっては、今の時代を「第四次産業革命」と言ったり、デジタルによるリアルのオーバーラップという意味では、「四大文明誕生以来の変革期（4000年ぶりの変革）」と言ったりする人もいます。

規模はまだ明確ではないですが、とてつもない変革の時代に私たちが生きていることは間違いありません。

これまで歴史を大きく動かしたのは、理由が説明できないほどの「**圧倒的な当事者意識を持った個人**」でした。

社会や他人のせいにするのではなく、「自分がなんとかしないといけない」と考える人が何人か集まれば、状況は一変するはずです。

つまり、個人が1人の時間を持ち、深い集中を発揮することによって生み出す「独創」にしか、突破口はないのです。

合議制で決めることによる失敗

また、簡単に情報にアクセスできる時代では、複数人の合議制で物事を考えると、同質化していきます。

私もコンサル時代、2007年からの5年間に、複数の総合電機メーカーを外から見ていましたが、どこも同質化した戦略を打っていました。そのことからも、**いくら頭がよくても人間が集まって考えたことにはやはり「限界がある」**のだと身に染みて思いました。

もちろん、ひとりひとりを見ると非常に優秀な人が多いです。きっと国民の頭のよさの水準が、日本は高い位置にあるからでしょう。コンサル時代に見てきたメーカーの事業部長クラスの方々は、今考えても優秀で魅力的な人ばかりでした。

実際に現在、日本のメーカーの中枢にいるであろう50代の人は、バブル期に入社し、団塊ジュニア時代の競争率の中で生き残ってきた人たちです。

「ＮＥＣこそが一番クールだ」と言われた時代ですから、優秀で当たり前なわけです。

それなのに、合議制で物事を決めることでアイデアが丸くなってしまったり、自分たちの職能だけの狭い世界でモノを見るから一般のニーズからズレていってしまったりするのです。

そのような問題を散々、見てきました。

その仕事は「新しい価値」を生み出しているか

いま、私は、JINS MEMEやThink Labなど、少しとがった取り組みをしている立場にいます。

大企業の新規事業部隊との協業可能性の模索や、大企業内の新規事業開発を進める若手の事業プランをメンターとしてサポートするような機会をたくさんもらっています。

そのようなこともあり、コンサルとして、協業先候補として、人生の少し先輩として、いくつかの視点で大企業の新規事業開発における課題を見てきました。

その経験は、大企業の新規事業に限らず、どんな企業でも「新しいことをする」「チャレンジする」というものに置き換えられるでしょう。

だから、「新規事業なんて関係ない」と思わずにぜひ読み進めてください。

そこで起こる問題を、個人とチームの2つの面から語るのが本章です。

1～2章の内容を踏まえて、「誰と何をなすべきか」という働き方の枠組みから、やるべきことを見ていきます。

「企業内起業家」という生き方

いま、1つのサービスやビジネスモデルの陳腐化のスピードが、爆発的に速くなっています。

市場や産業の変革の速度が、ドッグイヤー（技術進歩の速さを犬の成長速度になぞらえた表現）に、そしてマウスイヤー（ネズミのそれ）になっていく。そんな話も、随分と前から語られています。

この25年を振り返るだけでも、たとえば音楽業界では、カセットからCD、MD、iPodとなり、いまはSpotifyなどのサブスクリプションサービスが主になってしまいました。

この場合、1つのビジネスモデルの陳腐化が5～10年程度でやってきています。

もちろん、すべての産業が同じスピードというわけではないかもしれません。

しかし、少なくとも大企業の経営者は、**「変わらなければトヨタだって潰れる」**という危機感を口にしているのです。

どの企業も「新しい発想」を求めている

多くの企業が「変わらなければいけない」と社内外に発信しています。

前に聞いた話では、ビズリーチを経由して「新規事業開拓ミッション」で募集をかけている会社が、３０００社を超えたそうです。

これは、**上場企業のほぼすべてが新規事業を欲しているのと同義**と言ってよい数字です。

しかし、そんな状態でも、日本企業の利益余剰金は、２０１８年には約４５８兆円にまで積み上がっています。[註23]

失われた30年の初期である１９９０年には１００兆円程度だったので、それから４・５倍にもなっているのです。

つまり、**30年前から成長が失われていると言われながら、何も新しいことができない状態のまま、ただただ貯蓄だけをしまくってきた**わけです。

そして、最近では、多くの大企業がＣＶＣ（Corporate Venture Capital）を立ち上げ、社内での研究開発や新規事業開発だけでなく、スタートアップへの投資からの事業開発を目的とした動きも活発になっています。

海外も同様の傾向はありますが、特に日本企業が陥っているのは、「**投資したいし、お金もあるのに、投資対象となるヒトや事業がない**」という状況です。

逆に、企業内にいるビジネスパーソンにとっては、ものすごいチャンスが、構造上、用意されていると見ることもできます。

あなたが生み出した独創に、お金を出してくれる余地があるのですから、これを活かさない理由はないでしょう。

「顔見知りなだけ」に意味はない

企業内で「新規事業を作ること」や「新しいことにチャレンジすること」は、会社員を謳歌《おうか》する上で、最大のチャンスと見ることができます。

それでは、「なぜ、そんなに求めがあるのに、イノベーションが生まれないのか」に関して、文化や国の規制の話以外で話を進めていきましょう。

ここで大事なのは、「小さな単位である『チーム』に必要なスタンス」です。

私はコンサル時代、クライアントの部長さんたちに向き合い、なんとか価値を上げようと1週間で10時間くらいしか寝ないで考え、提案をしていました。

それだけやっても、外部からのアプローチで「イノベーションが起こったなぁ」と実感することは一度もありませんでした。

5年間ほどのコンサル生活で出した結論は、商品開発をしている人と広告宣伝などをしている人が**「顔は知ってるよ」というくらいの関係であることに問題がある、**ということでした。

新しいサービス・商品は、「構想→計画→実行」が上から下へ一方的に流れるウォーターフロー型だけで実現できるわけではありません。

上流工程にいる開発の人が、どんなにキレイに構想して作っても、顧客の反応を見たり、社内外のフィードバックをかけて商品開発に反映したりすることを繰り返さないと、絶対にいいものができません。そういう時代に突入しています。

詳しくは後で語りますが、「どうやって（How）」よりも「だから何（So what）」のほうに付加価値の比重が移っています。

そんな状態なのに、作る人と売る人が1週間で一度も話さないということが常態化している企業が多くありました。

それで、どうしてよい商品やサービスが生まれるというのでしょうか。

やり尽くしてみてダメなら「動け」

右のような話をすると、次のような反応が返ってくることがあります。

「うちの会社は、組織の構成上、上と距離が遠いからできない」
「稟議《りんぎ》のプロセスが長いから無理だ」
「この産業は、変革に慣れていないから仕方ない」

こういう言葉は、すべて言い訳です。

自分の携わっている仕事の上流から下流工程までの「キーメンバー」に連絡を取るのであれば、ＳＮＳだろうと部署への直接のドアノックだろうと、手段はあるわけです。

所属企業の社長であっても、ダイレクトに連絡できないということはあり得ないと思います。

極端な話、孫正義《そんまさよし》さんのような有名人にだって、根気が必要ですが、ツイッターなどで連絡が取れる時代です。

それらをすべてやり尽くして、それでも社内で「新しいことができない」「組織が変わらない」というのであれば、そのときは今の会社を辞める選択肢も出てくるでしょう。

自分が「夢中になれる」という最低限の前提条件を、今の仕事がクリアしていないのであれば、その仕事を続けるべきではないからです。

社会レベルで今を見ると、生産性は数百年前とは比べものにならないほど高くなり、「ただ食べるためだけの労働」なら、1週間のうち1日半で足りると言われています。

そんな時代に、「新規事業をしたい」「新しいことをしたい」という課題意識を持てるような人であれば、**もっといい環境が絶対に見つかる**ことでしょう。

具体的に、新規事業のような「新しいこと」を社内で始めるためには、次の4つの条件が必要だと考えられます。

1　マーケティングセンスがある
2　技術の目利きができる
3　投資判断の権限がある
4　「1」～「3」を満たす人が4人以下のチームで密なコミュニケーションを取れる

これが、最低限の条件です。

このコアのチームを、会社から与えられるのを待つのではなく、自分から組成しにいくのが近道です。

そういうことが、今の会社でできるかどうかを考えてみてください。

「やらされ仕事」から抜け出そう

ここまではチームの話をしましたが、そのコアにいるメンバーはひとりひとりが「当事者意識」を持っていることが大事です。

あなた自身が「やりたいこと」を明確に持つか、あるいは、そうした人のサポーターになることです。

そのときに知っておかないといけないのは、イノベーションの最初の種となる「アイデアそのもの」には、それほどの価値がないということです。

今、世界を席巻している主なサービスに、「Uber」「Spotify」「Netflix」などがあります。

しかし実はこれらの企業の、そのサービスのコアとなったアイデアそのものは、正直誰でも思いつくようなものです。

「あの店の料理を家まで運んできてほしいな」

「好きな音楽を好きなだけ聴きたいな」

「良質な動画を家で気軽に見たいな」

など、誰でも考えつくようなアイデアばかりです。


しかし、それらを本当に形にするのには、相当な労力が必要です。

最初の種となるアイデア（構想）で勝負するのではなく、コアとなるアイデアを「実現したい」という理由なきやりたい気持ちを持った人が、そのコアを実現していく過程（実行）で、実現までの日々の気づきやプラスのアイデアを生み出し続けること。それにのみ価値があると思ったほうがよいでしょう。


それを満たす人は、「夢中で働くこと」を勝ち取ることができます。

これらを前提として、チームがやり抜く力を持つためには、チームを構成する個々人が1人も「やらされ仕事」をしていないことが重要です。

1人でもやらされている感が出ると、乗り越えなければいけない苦しいフェーズで踏ん張りが効かなくなります。

そうして、大企業がスタートアップ企業に負けるシーンをよく見かけました。

ここまでの話をまとめましょう。

まず、会社には投資するお金があるのに、投資対象となるヒトや事業がない。だから、会社員には、会社を利用するチャンスがあります。

次に、合議制では改革は生まれないので、圧倒的な当事者意識のある個人が必要になり、さらに、1人も「やらされ仕事」をしていないチーム組成が非常に大事になります。

これらを踏まえて、今のチームを見直してみましょう。次項では、そのための3つの軸を紹介します。

働き方の「スタイル」を再確認する

ここまで語ってきたとおり、個人がそれぞれ多くの選択肢から選び、自分にとって夢中になれる働き方や仕事内容を選び取っていく生き方が大事です。

ただし、1人では大きなことが成せないことも事実なので、ここではチームマネジメントにおいて考えるべきことを簡単に再確認しましょう。

これからは個人が、**「多様な価値観」**で**「多様な前提」**を持ち、**「多様な契約形態」**で、チームの中で働くことがほとんどでしょう。

その多様性に向き合うための視点だけは持っておかないと、チーム全体で動いていくことができません。

その上で、押さえておくべき3つの要素を挙げましょう。

スタイル1
「ワークへの価値観」

まずは働き方のタイプの問題です。

序章では、「ワーク・セルフ・リレーション」という話をしましたが、人によって3つの優先順位は異なります。

ここで考えるべきは、次の選択肢です。

1 自分で選択したい人（自走型） or 誰かに選択してほしい人（協調型）
2 ワークアズライフ（Work as Life） or ワークライフバランス（Work Life Balance）

これはあくまでも善し悪しの問題ではないので、その点は理解しておいてください。

まず1つ目の「選択」についてです。

これは価値観の違いなので、協調型の人に「選択してください」と言ったり、自走型の人に「決められたとおりやってほしい」と言っても何も解決しません。

相手を変えることは、お互いにとって強いストレスになるでしょう。

そうであるならば、自分がどちらのタイプなのかを認識し、相手にも伝えるようにしましょう。

もし、チームを管理する側の人であるのであれば、さらにメンバーがどちらの性質の人なのかを見極めて、それぞれに合わせて各種の提案をする必要があります。

たとえば、「在宅勤務を週に何回にするか」「１ｏｎ１をどんな頻度でやるか」など、自走型の人は自分で決められるようにして、問題があるときだけ指摘したほうがよいでしょう。

協調型の人でも、管理職が２択くらいまでに絞って、最後の選択だけは任せたほうがうまく回ると思います。

このバランスを調整する力が、今後のマネジメントの重要な点になります。

次に、「ワークアズライフかワークライフバランスか」についてです。

こちらも、価値観の領域なので、変えることを強いるのは間違っています。

私の場合、チームを作る際に、メンバーにワークの許容範囲を聞くようにして、同じ価値観を共有する人だけで構成するようにしています。

今後、さらにテレワーク中心で働く時代になると、もっとも邪魔なのは、「ちゃんと働いているかな?」「自ら動いてくれるかな?」と考えてしまうことのコストです。

価値観がズレたチームでは、このムダな確認の回数が増え、全員が不幸な働き方をすることになってしまいます。

同じ立場、同じ役割の人であれば、できるだけタイプが似た人で構成するのが望ましいでしょう。

とはいえ、多くの企業では、先にチームメンバーが決まっていて、そのメンバー内でどう動くかだけしか裁量できない人がほとんどかもしれません。

「なぜ、自分ばかり頑張っているんだろう」
「なんでオフのときまでメールを返さないといけないんだろう」
など、メンバーの価値観のズレによってムダに消耗していないでしょうか。

そのような場合はヘタに価値観を擦り合わせようとするのではなく、これはマネジメントの問題なので、そのレベルで対処してもらいましょう。

上に価値観を共有してもらうか、自分がリーダーの立場であれば、ここまでの点を踏まえてチームづくりをするべきです。

それが、価値観の多様性を保ったまま、それぞれが真摯《しんし》に仕事に向き合うために必要なことでしょう。

スタイル2 「会社の立ち位置」

次に、会社のタイプによる問題です。

今の立ち位置や業務の性質で意識しなければならないことの変更もあるので、そのポイントを整理しましょう。

ここでは、「会社・事業のフェーズ」がどこにあるのかを再確認します。

どんなケースでも、「萌芽期→成長期→多角期→再生期」という4つの段階があります。

そのフェーズにより、集まってくる人の性質が異なります。

たとえば、私が入社した2012年のJINSと、今のJINSでは、時価総額が15倍ほど違いますし、事業規模も5倍以上違います。

私が入社したのは「成長期」でしたが、その前に入った「萌芽期」のレジェンドと、最近の「多角期」に入った人では、仕事へのモチベーションを感じる部分や会社に期待することなどが大きく違ってきます。

私がやっている新規事業の部隊は、成長期の初期に入ってきたタイプを中心にチームが組まれています。

新しいことを始めるときの高揚感が好きなタイプですが、すでに確立された既存事業には、なかなかモチベートされません。

このように事業において、ゼロイチの部分がやりたいのか、1を10にしたいのか、10を100にしたいのか、それぞれのタイプによって分かれるでしょう。

そのフェーズと自分のタイプが合っているとき、人は夢中で働くことができるはずです。

逆に、それがズレていると、なかなかやる気は起こらないでしょう。

スタイル3
「契約形態」

最後に、「契約形態」についてです。

いま、正社員から業務委託まで、役割や立場の壁が曖昧《あいまい》になってきているのを実感します。

契約形態がバラバラの人たちで、どのようにチームを作り、仕事を進めていくかは、特にマネジャー層にとっては大事な課題でしょう。

たとえば、業務委託をする側とされる側では、力関係に問題が起こります。

どうしても発注する側より受注する側のほうが弱くなり、商談のようなコミュニケーションになります。

しかし、1つの仕事をやり遂げるという点においては、お互いが思ったことを言い合えるようにしておかないと、よりよい方向には進みません。

また、よくあるのが、若手の正社員が業務委託の人の成果主義に対して、違和感を持つような場面です。近くの人のことなのでどうしても、**「同じ仕事をしているのになぜ？」**と、気になってしまうものです。

その場合では、「社会保障や雇用の安定性とのトレードオフがある」ということや、「事業が成功することで個人の市場価値や成長が上がる」ということを、きちんと伝える必要があるでしょう。

いずれにしても、契約形態が異なることによって「目の前の仕事」に集中できないことは問題でしかありません。

個人はそれにとらわれない考え方が必要ですし、マネジャーはメンバーへの配慮が必要になります。多様な契約形態があることを前提に、夢中で働けることを重視してください。

「誰とどのように働くのか」の戦略

前項では、3つの働き方のスタイルを説明しました。

選択肢が多様化する時代に、たくさんの選択肢の中で個々が自分のチームで迷いなく邁進できることが大事、という話でした。

ここからは、さらに一歩踏み込んで、集中を超えて「夢中」で働くための個人戦略について語っていきます。

副業解禁やSNSなどでのコミュニケーション手段が増えたことにより、知的生産の方法は多様化しています。

「他の人の頭脳を借りて考える」「人を巻き込んで働く」ということがより身近になっているからです。

90ページでも述べたように、コロナ前に比べて明らかに同僚以外とのコミュニケーションの割合は増えています。

私自身、それを日々実感しており、次のような5つの人間関係があります。

1 同僚（業務上つながりが強い部門の人）
2 投資・出資元（会社の経営陣）
3 業務委託のチームメンバー（構想に関わる仕事仲間）
4 協業先（サービスを一緒に作っている会社の人）
5 利害関係がない人（価値観が合ったり、意気投合した人）

1〜5のうち、昔であれば、右にいくほど、一緒に仕事を進める割合が多くなりました。

しかし今、新規事業に取り組んでいると、明らかに、その境目はなくなりつつあります。

個人レベルで「バイネーム（指名）」によって動く人がいたり、同僚であっても関わりが少ない人がいたりします。

そして、最近は経営企画などにも携わっているのですが、そういった構想フェーズにおいても、先ほどの「1〜5」のどこの人が今の自分にとってサポーティブなのかは、まったくの個人レベルで決まります。

「誰を巻き込むとよい方向に進むのか」をつかんでおくことが、他の仕事においても重要なのだと思います。

つまり、「どういう組織に所属しているか」や「どういう契約形態か」ということはあまり関係なく、どの個人と強いつながりや弱いつながりを作り、チームビルディングをしてイシューと向き合っていくかが重要です。

これは、私自身の事業開発を中心とする不確実な仕事の中で感じてきたトピックであるとともに、多くの新規事業開発担当者や組織・人事イシューに向き合っている人たちにぶつけて議論してきたことです。

今後は、社内の同僚とだけでプロジェクトに向き合う時代ではありません。

もしあなたが現在、リーダー的な役割を担っていなくても、自分や同僚以外の人々に**「いかに自分ごととして課題に向き合ってもらうか」**という観点では間違いなくリーダーシップや巻き込む力が重要になってきます。

その領域までを含めながら、夢中で働くための技法を紹介していきます。

技法30 枠による「やらされ仕事」ではなく、「軸」を持つ

「枠ではなく軸が大事だ」

これは、プロノイア・グループ代表のピョートル・フェリクス・グジバチさんと私で共同取材を受けた際に出てきた言葉です。

いわゆる「マネジメント」という言葉から想起するチーム運営の多くは、「目標を定めて、そこから生まれた役割に枠を決めて、その枠ごとに人を配置して、その仕事に邁進してもらう」という印象があると思います。

しかし、不確実性が高まっている時代においては、半年前や1年前に決めた目標による役割に合わせていたらよい仕事ができる可能性は下がっています。

少なくとも私は、それで成功している例をほとんど見たことがありません。

特に不確実性が高い新規事業開発をしていると、朝令暮改がよく起こります。

まさに、朝に考えたことが本当に夕方には違うかもしれないと思わざるを得ない環境にいます。

そのタスクを規定する役割やミッションレベルでも、先週言っていたことではうまくいかないことに気づかされるほど、「構想→計画→実行」の行き来を激しくおこなってチーム運営をしています。

実際に、役割分担の表を月に1回作っては、「やっぱりここ違うね」とマネジメントの切り替えをすることが多くあります。

その何倍も何十倍も、現場では想定外のことが起こり、それでも「**自分が拾ってなんとか回そう**」とか、「**これは新しい気づきだから自分の余力で進めてしまおう**」などと、メンバーが善意の積み上げをしてくれていることがあります。

そういうチームでないと、新しいことは生み出せないのです。

ここで大事になってくるのが、ある脳神経科学の研究者から聞いた次の話です。

〝アドレナリン系で動けるのは4ヶ月間、ドーパミン系で動けるのは4年間である。〟

これはつまり、強制的に無理やりやっても4ヶ月しか続かないけれど、**自発的にやりたいことは4年間続けられる**ということを言っています。

「やらされ仕事」に集中できるのは4ヶ月間だけなのです。

一方で、能動的に自ら楽しいと思えることのために動けば、脳内物質のドーパミンが出て、意欲的に取り組むことができます。

もしかしたら、事業を革新し、偉業を成すには4年でも足りないかもしれません。とはいえ、長いスパンで夢中で働くためには、決められた枠の中でだけ働いているようではダメなのです。

245ページで見たように、自走型でワークアズライフに働きたい人は、自分の意志で領域を定め、気づきを自発的に拾いながら仕事を進めるチームで働くべきでしょう。

決められた枠の中で考えることを強いられて、ドーパミンが出る人はほとんどいません。

もし、リーダーの立場であれば、「楽しい」と感じられる軸を提示したり、共感してくれる人だけでチームを作ったりする必要があります。

枠を与えるのではなく、軸を見せて、その共感から来る突破力を期待する時代です。

これは何も、新規事業に限らず、すべての仕事において、物事を前に進める上で大事になってくる要素です。

ぜひ、念頭に置いておいてください。

技法31 「楽しい仕事」を増やすスタンスをとる

先ほどの「枠」の話に通じることですが、「楽しい仕事」について深く見ていきます。

何をもって「楽しい」と言うかは、人によって違います。

同じ仕事をしていても、「楽しい」と思う人もいれば、「つまらない」と感じる人もいます。

それは、「**情報の伝え方**」「**期待の示し方**」「**成果に対するフィードバックのやり方**」などが影響してくるからです。

それらが欠けると、次のような不平不満が出てきます。


「社長がやりたがっているから仕方ない」

「この仕事がどんな未来を作っていくかわからない」

「なぜ、この仕事をやっているのかが曖昧だけど、とりあえずやっている」

「タスクが終わったあと、それがよかったのか悪かったのかがわからない」


こうした言葉が出てくるようだと、「つまらない」状態と言って間違いないでしょう。

そして個人として楽しい仕事を勝ち取っていくのも大事なことですが、より必要なのはリーダーの役割です。


よって、1つのマトリクスを使って、チームでどういう働きをしているかを見てみます。

リーダーは、チームメンバーに対して、構想していることを具体的な仕事に落とし込み、メンバーに振ります。そして、その成果を向上させるためのサポートをする役割です。

その際に、リーダーがチームメンバーにしている行為は、当たり前ですが、次の4つに分かれるはずです。

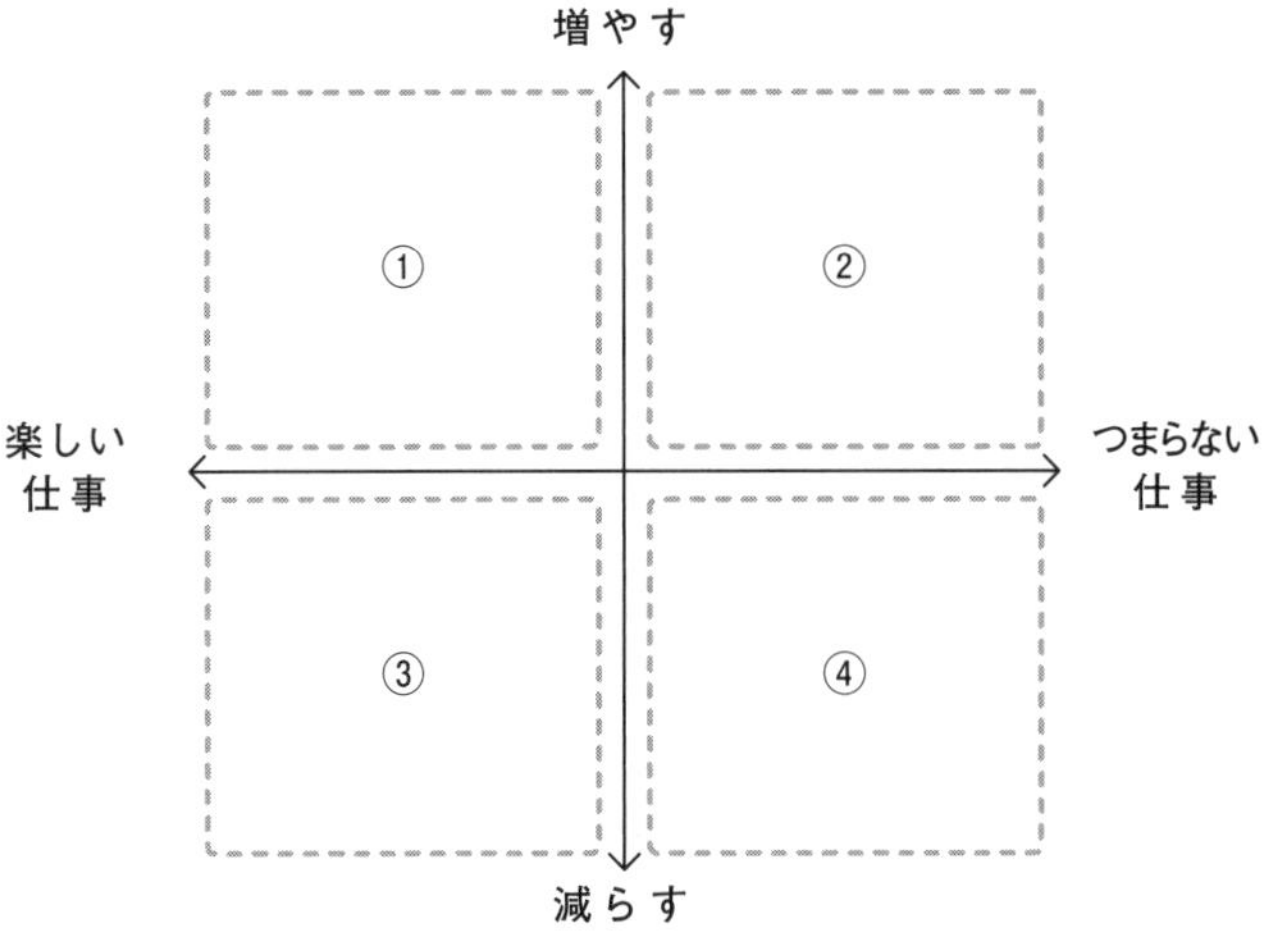

上の図のどこの役割を果たしているかを、まず認識しましょう。

リーダーではない人でも、自分の上司がどの役割を果たしているのかを考えてみてください。

見てわかるとおり、**「②つまらない仕事を増やす」「③楽しい仕事を減らす」をやっているのであれば、リーダーとしての機能を果たしていません。**

おそらくさまざまな事情が絡んでいるのかもしれませんが、改善されずに放置されているのであれば、非常に問題です。

また、「つまらない仕事」は、今後、ＤＸ

化の流れなどの中で、うまく効率化させることが求められるでしょう。

大事なのは、**「①楽しい仕事を増やす」「④つまらない仕事を減らす」にフォーカスできているかどうか**です。

私自身は、新規事業に携わっているので、「④」よりも「①」を重視して仕事をしていくタイプです。

技法30での「枠ではなく軸」にもつながることですが、「①」を優先させることを信念にしています。

中には、「④」寄りのリーダーシップを発揮するタイプの人もいます。

私が見てきた中では、どちらかに寄る傾向があります。

多くの企業で、2人以上の創業者が起業するケースが見られます。それは、どちらのタイプも必要ではありますが、2つのタイプを1人の人間に内在化させることが難しいため、役割分担が必要だからではないかと考えられます。

ちなみに、私たちThink Labのチームでは、飯塚さんが先ほどの「④」寄りのリーダーシップを持っています。

「楽しい仕事を増やしているか」「つまらない仕事を減らしているか」は、ぜひ問い直していただきたいです。

私自身が「楽しい仕事を増やす」ために心がけていることは、**「元々、やりたいことが近い人を仲間にすること」**と**「私自身が楽しんでいるのを見せること」**です。

1つ目は、採用や異動の時点で80％決まっている要素だと言っても過言ではないでしょう。

私が採用などに関わるときは、熱量高く自分のサービスを語れる人だけしか仲間にしないことにしています。そうすると、いい構想ができて仕事が増えるときでも、「これは忙しくなりそうだな」などと言いつつ、前向きな空気で仕事ができます。

2つ目については、どんな仕事にも楽しさはあるので、私自身の楽しさを言語化し、伝えるようにしています。

毎朝の朝礼では、前日に友人としたやり取りなどの具体的な話で、自分のサービスへの反応と自分の喜怒哀楽を伝えるようにしています。

「このサービスをやっていてよかった」という話を、さまざまな場面で伝える努力を常にしています。

どこかで何かの言葉がきっかけとなったり、少しでも影響を与えたりできたら、結果的に誰かの楽しい仕事を増やせることにつながると思っています。

以上のことは、チームのことが絡むため、すぐには変えられない部分もあるかもしれません。

しかし、現状を把握して今後の仕事選びや身の振り方を考えることはできます。ぜひ、「楽しい仕事」を増やして夢中で働けるようになりましょう。

思わぬ影響を受ける「人間関係」の戦略

144ページで、「セレンディピティ」について説明しました。いいアイデアは、深い集中の後、ふとしたきっかけで降りてくるという話でした。知的生産活動では、**遊んでいる時間にふと最高のアイデアに気づいたりすること**が当たり前にあります。

素晴らしいアイデアを出す人や、驚異的なアウトプット量の人と話していると感じるのは、「インプットの時点」で差がついているということです。

とはいえ、多くの知識は、ググればすぐに手に入ります。

差がつくのは、「**知恵に変えられるほど深くて新鮮な情報**」や「**自分の発想からできるだけ遠くにある考え方**」に触れているかどうかでしょう。

そういうインプットをしておかないと、人と違うアイデアやアウトプットにつながらないと考えたほうがよいと思います。

脳の構造にはそれほど違いはないはずなのに人によって差が出るのは、上質なインプットを続けることで、脳の処理プロセスが洗練されていくからなのだと、第一線で活躍する人たちに会うと感じます。

また、「誰と仕事をするか」の対象が同僚以外にも広がったとも話しました。

つまり、仕事や課題解決をするための思考の助けになるのは、もしかしたら「自分の子どもの一言」かもしれないし、新幹線などで「たまたま隣に座った人との会話」かもしれないということです。

そしてリモートワークが主になり、「雑談」の重要性が増していることは、よく聞かれるようになりました。

以上を踏まえると、この時代に特に足りていないのは、自分から「**遠い存在の人**」なのではないでしょうか。

それを手に入れるための方法からお伝えしましょう。

技法32 「遠い人」に本業について話す

自分から遠い人と、最近、話をしたでしょうか。

遠いというのは、何も距離に限ったことではありません。

「自分の仕事のことから遠い人」という意味で考えると、幅が広がると思います。

たとえば、私にとっては、母親などの家族がそれにあたります。

母親にJINS MEMEの話をしても最初はピンと来ません。

「そんなことして何の意味があるの?」「そんな小難しいこと、普通の人は気にも留めないよ」などと言われます。

論理構造のクセも違いますし、仕事やサービスに対する価値観のベースが違うため、母親に説明するときには、「**どう伝えればわかるかな**」「**どんな例えを用いたら理解されるかな**」と、必死に考えます。

この作業が、実は私の仕事にとって非常に効果があります。

そのため、数ヶ月に一度は母親に仕事のことを話すようにしています。

自分の本業の話は、同僚や協業先の人にとっては、当たり前の話です。

あまり詳しく説明しなくても、言いたいことが伝わります。

それは、日々の業務をスムーズにする一方で、**自分がやっていることが全人類に受け入れられると勘違いするリスクがあります。**

つまり、井の中の蛙になる可能性は誰にでもあるのです。


その思考から脱するために必要なのが、「遠い人と本業について話す」ということです。

もうひとつ例え話をすると、私は東京の三鷹《みたか》という場所で育ちました。

相手が同じく東京都の出身で、たとえば調布《ちょうふ》市の出身の人であれば、「私は三鷹で育ちました」と言うでしょう。

もし、相手が埼玉県出身の人であれば、「東京で育ちました」と言うでしょうし、関西地方出身の人であれば、「関東で育ちました」と言うでしょう。

中国人と話すときは、「日本人だ」と言うし、ヨーロッパの人と話すときは、東洋人を代表するような発言をすることもあるでしょう。もし宇宙人がいたら、地球人として語るかもしれません。

つまり、相手が遠ければ遠いほど、視点を上げ抽象度を上げて語る必要があります。これが、できるだけ遠い人と話すことの意義です。

人は、自分のことや自分の取り組みを認知・理解するためには、他者との比較で認識する以外ありません。

他の人や他の仕事からの「差異から」しか、自分の立ち位置を認識・理解することはできないのです。

「三鷹で育ちました」よりも「地球人です」のほうが、視座を高くし、自分を客観視して、本質的な意味を語らないといけなくなります。

そうして俯瞰して自分を語ることは、「大局観の脳」にもつながってきます。

自分1人の時間は深い集中に入り、その後、雑談などでリラックスして自分を客観視することで、独創が生み出されるのです。

また、これは後述する「再定義し続ける意識」にもつながります。すでに事業を持っている事業体におけるイノベーションは、自社商品・サービスの再定義から始まります。その再定義には、その商品・サービスに対して、まったく違う視点で切り込む脳が必要です。

それは得てして遠い人との対話からやってくるのです。

技法33 「他業界」に顔を出す

前項にもつながる話ですが、業界を超えて「巻き込む力」についても語ろうと思います。

というのも、主に私が手がけている新規事業開発においての戦略が、一般的な人にも通用することだと感じることが増えてきたので、参考になるように紹介します。

まずは、日本で新規事業開発をしてきた身として語りましょう。

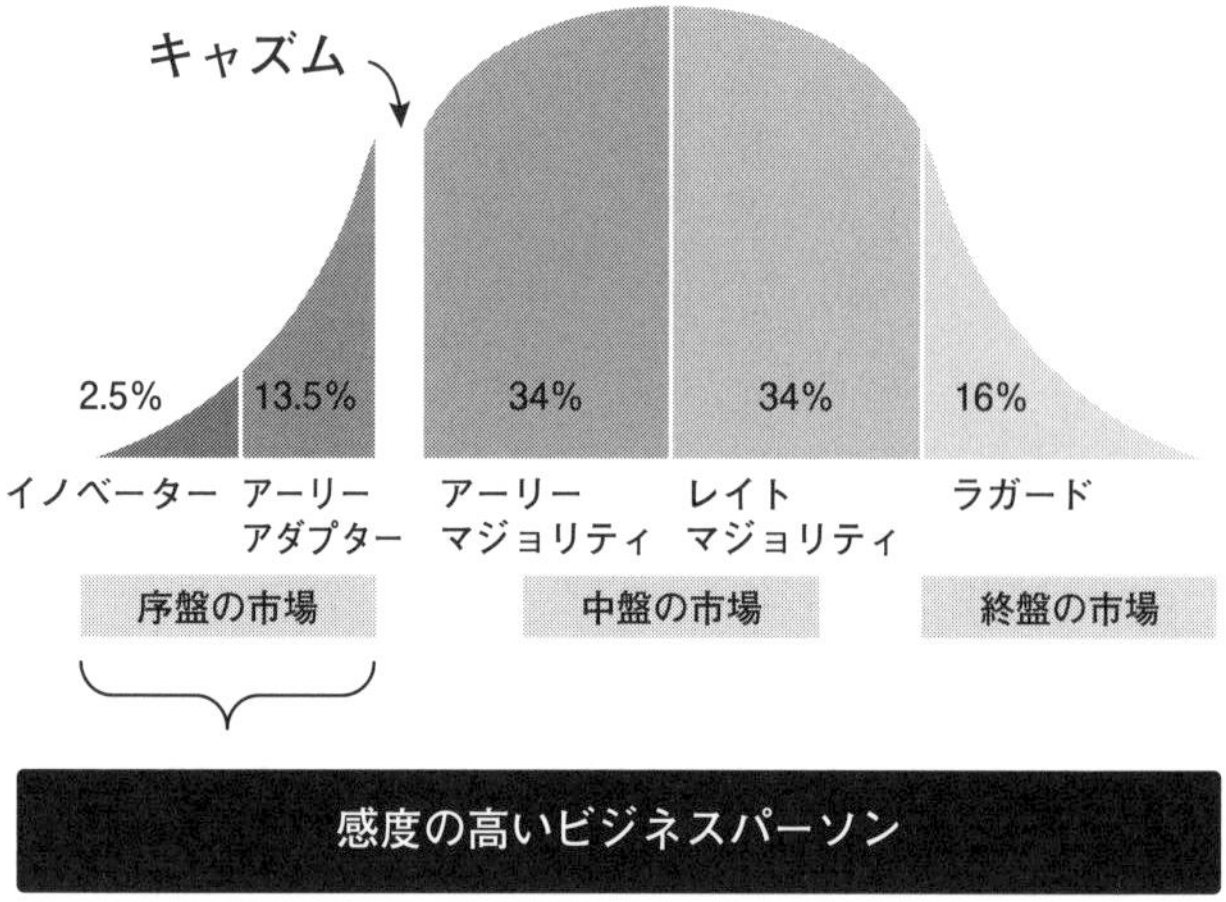

「人のパフォーマンスを可視化するメガネ型デバイスJINS MEME」と「世界で一番集中できる空間Think Lab」は、どちらもコンセプトレベルで新規性があると自負していますし、面白がってもらえることも多くあります。

しかし、その先には「**受け入れられるサービスにしていく**」というイバラの道があります。

その後には、マスマーケットに届くかどうかを左右する「キャズム」を越えなければなりません。

「いいコンセプトだね」と言われても、その2つの高い壁が、事業開発者の前には立ちはだかるのです。

それを乗り越える1つの方法は、「**各企業の**

仕掛け役の集まりを巡る」ことです。

サービスを考えるときに、まずはキャズム前の「イノベーター」「アーリーアダプター」に強烈に気に入ってもらえるサービスにすることを考えます。

サービスがスタートした初期段階で反応してくれる人に、深くインタビューをしたり、仲良くなって飲みながら話したりすると、ほぼ確実に自分で会社をやっているか、どこかの企業で違う領域の仕掛け役として動いている人ばかりです。

この数年でフェイスブックで友人になった約２０００人の方々は、高い確率でどこかで何かを仕掛けている人です。

そのようなアンテナの高い人は、他のサービスで体験したものを自分の仕事にも還元するようなことを呼吸するようにおこなっています。

そして、**日本国内であれば、「友達の友達」くらいの範囲で、ほぼすべての仕掛け人につながれると錯覚するほどに狭さを感じます。**

それだけ、感度の高い人はつながり合っているのです。

たとえば、今、私は睡眠に関する事業をおこなうベンチャー企業のアドバイザーをしています。

そこでは、睡眠に関する感度が高いユーザーの代表になりそうな人を探して、睡眠に関する課題意識などを世に提言していくコミュニティを作っています。

noteやインスタなどで睡眠に関して面白い投稿をしている人を探し、その人々に我々の活動を伝えています。

そこで驚いたのが、その全員が、スタートアップの立ち上げに関わる人か、大企業内の新規事業開拓ミッションに携わる人だったことです。

面白いことを仕掛けている人は、それだけつながりやすい状態になっているのです。共通の知り合いにつながることも多いため、話もスムーズに進みます。

そのようなマインドの人が大勢いるのですから、自ら企業や業界を超えてつながりに行くことは、とてもたやすいはずです。ぜひ、業界を超えてコミュニティに参加し、数珠つなぎで交流関係を広げていくことをおすすめします。

私も5年ほど前までは、積極的に外に出ることはありませんでした。日本企業内の多くの人も、動くことに抵抗があることでしょう。

しかし、動き始めるとよいことしかないので、**知り合いづてなどで面白そうな勉強会や集まりに顔を出すようにしましょう。**

ちなみに、私がこの5年間で行った集まりは、次のようなものです。

・ベンチャーやVCの集まり：「ICC」「IVS」など
・企業内若手の集まり：「ONE JAPAN」「始動」など
・特定産業の集まり：「WAA」「業界コンソーシアム系」「HR・ファシリティ勉強会」など
・ビジネススクールの集まり：「WBS」「グロービス」「KBS」など

これらは、来る人を拒まない集まりなので、ぜひ自ら動いてキーマンを見つけるようにしましょう。

また、今はオンラインセミナーである「ウェビナー」が多く開催されています。居住地に関係なく参加できるようになっているので、ハードルが下がっていると思います。

自分の会社や業界に閉じこもっていると、どんどん視野が狭まります。外からの視点から自分の本業を考え直し、夢中になれる要素を見つけるようにしましょう。

技法34 「アイデアだけの人」を無視する

ここまでで述べたように、私は新規事業をやっていて、「遠くの人と話すこと」「各企業の仕掛け役の集まりを巡ること」をおこなっています。コンセプトを世に問う形で、協業アイデアを求めている雰囲気を出しています。

実際に私のSNSは、事業コンセプトやサービスのPRの場となっています。たいていはよい効果ばかりなのですが、副作用として現れるのが、「アイデアだけを話す人」です。

「○○さんの友達なんだけど、勝手ながら井上さんのやってることを応援しています。いいアイデアがあるのでブレストをしませんか?」というようなメッセージが来ます。

初めの頃は、そういう声に1つ1つ対応していましたが、**一度たりとも何かの形になったことはありません。**

こういうタイプの人への対処法は、社内でも必要になると思うので、紹介しておきましょう。

次のようなコミュニケーションに注意します。

・コミュニケーションを取ることそのものが目的化している
・相手の時間を取ることに対して何とも思っていない
・人のおこないを手放しで褒めてくる

このコミュニケーションに当てはまると感じた場合、基本的にスルーするのがよいでしょう。

もちろん、通りすがりのただの雑談であればいいですが、わざわざアポを取ったりして聞く話ではないと思います。

241ページでも述べたように、「アイデアそのものには価値がない」のです。

個人が1つのことを考え抜いた後、ふと思いついたアイデアは、それをやり抜くリーダーシップや遂行できる組織があって、初めて価値が出ます。

アイデアそのものに価値があると主張してくる人は、無視するのが正しい対処法です。

断りにくい場合は、「**アイデアがあるなら文章でください**」と返しましょう。

チームでブレストをする場合でも、その場でいいアイデアを出すためには、ひとりひとりが考え切った仮説を持ち寄ってこなければ、何も生まれません。

そのことを覚えておきましょう。

技法35 相手の側に立ち、「おみやげ提案」をする

もしかすると、技法34を読むと、「自分のほうが相手からアイデアだけの人に思われないか？」と心配になるかもしれません。

いろいろな集まりに参加して「遠くの人」と話すときには、あるスタンスが必要になります。

それが、「**おみやげ提案や情報を提示するスタンス**」です。

つまり、相手にとって役に立つことを常に考える姿勢を取ることです。

ペンシルベニア大学のアダム・グラント教授は、**「テイカーではなくギバーであれ。特に他者志向型ギバーというタイプであれ」**ということを述べています。[註24]

最初は相手に何かを与える「ギバー」として振る舞う。もし相手が欲しがるだけの「テイカー」なら、すぐに損得のバランスを取る「マッチャー」として振る舞うことを教授は勧めています。

人間関係による多くの試行錯誤を経てきた人は、人のよい部分も悪い部分も見ているため、「他者志向型ギバー」になっていきます。

そんな人こそが、相談相手として適した人です。

だからこそ、あなた自身も、相手に何かを提供することに知恵を絞るギバーであるべきなのです。

日本の大企業は、シリコンバレーや中国企業を表敬訪問する際、「いろいろ教えてください」という態度で、相手に対しておみやげ提案も情報も何ひとつ持たずに行脚して嫌われる、という話をよく耳にします。

1～2章の「集中」の話にも共通しますが、**「ちょっと時間をください」という行為は、その後、深い集中に入るまでの23分間を遮ることを意味します。**

時間をいただくのは、それほど気を使うべき行為なのです。

ちなみに私は、おみやげ提案ができるように、スマホのメモ帳に、最近聞いた話や思いついた話をすべて書き出して、ネタ帳のようなものを用意しています。

「最近、こんな面白いことがあったんです」と話を先に振ってみて、相手も同じ温度感で話を楽しんでくれたときは、絶対にいいコミュニケーションになります。

だから、常にネタをストックするようにし、逆に、ネタ帳を更新する頻度が落ちてくると、不安になってきます。

ともあれそうやって話を用意して、先に相手に与えるスタンスを取るようにしましょう。

技法36
多くの役割を「内在化」させる

ここまでは、自分の外の誰か（Who）と、どう関わっていくべきかを語ってきました。

次は、**「自分の中に複数のWhoを置く」**という発想で話をします。


法政大学経営学部の永山晋《ながやますすむ》先生が、面白い研究をしています。

音楽ランキング「オリコン」から35年分（約2万5000曲）のシングル楽曲のデータを収集し、プロジェクトチームにどのような経験を持ったクリエイターがいるとヒットしやすくなるかを統計的に分析したそうです。

すると、ヒットを作れるクリエイターは、歌手・作曲・作詞・その他、各種楽器などの要素に関して、**「多くの役割を別々に経験してきた人」**という結果になったそうです。


つまり、多くの役割を自分の中に内在化させると、その役割の領域が掛け算され、役割が多ければ多いほど、他の人ではたどり着けない独自性を生むのです。

それが世に受け入れられ、爆発的なヒットにつながるということです。

これを、経営学の中では、「**イントラパーソナル・ダイバーシティ**」という言葉で語られています。

人は、他の人とコミュニケーションするには、時間を合わせたり、同じレベルの言語で会話したりしなければなりません。複数の脳で知の探索のためのコワークをおこない、思考していくには限界があります。

しかし、自分の中に複数の経験があれば、その経験や知恵同士を掛け算することができます。

自分の中の経験であれば、スケジュールを合わせる必要も、場所を押さえる必要もないわけで、たくさんのPDCAを回して思考実験することができます。

これにより、新しいものを生み出す確率が非常に高まるのです。

教育改革実践家の藤原和博《ふじはらかずひろ》さんの有名な理論で、「ある領域で100人に1人のレベルに突き詰めることは10年頑張ればできる。それを10年間×3回やれば、100人×100

人×１００人で１００万人に１人の独自領域を作れる」というものがあります。

この理論のように、自分の中に複数のWhoを持つようにしましょう。

私はまだまだ極めている途中なのですが、５年クラスで続けていることに、

１　集中・パフォーマンスの研究
２　新規事業開発経験
３　戦略コンサル経験

があります。

「２」と「３」は日本だけでも何十万人もいます。しかし、**「１」はあまり競合となる人がいないため、この３つをバランスよく持っている人は、世界中に私しかいないと自負しています。**

そのため、人からの相談や講演、番組出演で求められるのは、「１」を活かした「２」の話や、「３」の経験が「２」でどう活きているか、というトピックが多くなります。

そこで語れること自体が、自分の中で掛け算になっていることの証明です。

また、「3」によるBtoBビジネス構築の経験や人脈が、「1」と「2」においての法人向けのソリューション提案につながったりしています。

以上、ここまで、周りの人から影響を受けたり、人をうまく巻き込んだりして知恵を生み出す方法など、人間関係に関する戦略を見てきました。

特に、**日本企業の人は、知の探索のためのコワークが苦手だと言われています。**

1人の時間だけでは思考の幅に限界があるので、人とつながったり、自分の中に経験をためたりして、独創への掛け算をしていきましょう。

そのためにも、まずは自分からの行動あるのみです。

「なぜやるか、何をやるか」を決める戦略

集中の観点から、「なぜやるか」が固まっている人は非常に高い集中力を発揮できると、198ページのデザイナーの例で語りました。

今、目の前でやっていることに「なぜ、何をやっているか」の意志を込められる人は、極限まで集中して仕事を進めます。

今後、選択肢が多様化し、複雑化するからこそ、「なぜ、何をするか」を強気で語れる人や組織がより強い時代になっていきます。

社会背景としても、投資するときの投資基準が「収益性の向上」だけではなく、ESG投資（環境・社会・企業統治）が増えています。

個人においても、「自分らしさ」を見つけるためのビジネス書が流行っています。

採用に関わる人事の人と話していても、「何のために働くのか」をうまく提案したり表現できたりする企業でないと、いい人が採れない時代だと言います。

事業運営の真っただ中にいる人も、組織規模が大きくなればなるほど、「なぜ、この事業をやっているのか」が語れないとうまく回っていかないそうです。

脳は「やらない理由」を探し出してしまう

新規事業においても、構想の段階で、「なぜ、何をするか」に意志を込めれば込められるほど、その後にある「計画・実行フェーズ」に強い人や組織になります。

それは、**「やらない理由を探すという最悪のムダがない状態」**を作れるからです。

新しいことを進めたり、何かを成したりするうえで一番邪魔になるのは、「やらない理由を探す人」や「やらない理由を考える時間」です。

脳は体全体の4分の1のエネルギーを消費しますが、人も動物なので、生存確率を上げるためにエネルギーの消費を少なくしようとしがちです。

それが、「やらない理由」を探して、先延ばしにしてしまうクセを生むのです。

この脳のクセに抗い、ムダな時間を減らせば減らすほど、目の前のことに直接的にエネルギーを投下し続けられます。個人は深い集中に入れますし、取り組む仕事も夢中になれるものになっていきます。

ここでは、その「なぜ、何をやるか」をハッキリさせて、持っているエネルギーを純粋に投入できる人になる準備をしましょう。

技法37 「健全な不安」を持つ

「未来への漠然とした不安」は、集中を乱します。

しかし、「健全な不安」を持つことは、その逆です。それを説明しましょう。

たとえば、事業レベルでも個人レベルでも、ビジネスモデルやスキルが陳腐化するスピードは上がっています。

私のいるJINSでは、社長の田中仁《たなかひとし》が、「主力商品のメガネでさえ5年後にはないかもしれない」と言ってはばかりません。

「自分たちで自分たちのビジネスモデルを壊す気概がないと絶対に将来はない」とも常に語っています。

それは、**「〇〇ってオワコンだよね」という悲壮感がある文脈では決してない**ことが重要です。

不安はあるものの、それを見据えて、今から戦略を打っていくのであれば、それは「健全な不安」になるのです。

不安は「変化」とセットになることで、初めて力を発揮します。

妙心寺春光院の川上全龍《かわかみぜんりゅう》さんというお坊さんも似たようなことを語っていました。

彼は、「仏教の未来を危惧する人は、『伝統を守らなければ』という言葉を使うが、この『守る』という言葉をミスリードしている」と言います。

日本全国のお寺は、コンビニよりも数が多いそうです。しかし、現状ではコンビニよりも高い付加価値を提供しているようには思えないのだ、と川上さんは語ります。

しかし、これほど普及しているからには、江戸時代までは、明らかに価値があったはずです。

つまり仏教やお寺は、昔からその時代に合った「最新テクノロジー」をしっかり取り入れ、そして変わり続けていたということです。

だからこそ、川上さんは、ただ伝統を守るのではなく、いろいろな面白い取り組みをされています。お寺を訪れた人のマインドフルネス中の集中の度合いを、私たちのJINS MEMEを使って測るような取り組みにも協力してもらっています。

仏教であっても会社であっても、これまでのやり方を焼き直さなくてはなりません。

変化に対してストレスを感じて止まったままの人が増えていくと本当に危なくなっていきます。

技法38 「不安」を言葉にして伝える

「健全な不安」を持つことの重要性を押さえた上で、さらに仕事に対してやるべきことを整理しましょう。

というのも、この問題は非常に根深いからです。

脳の構造で「シナプス」という情報伝達物質があります。

この構造は、普段からよく使っている回路が情報を伝達しやすく、使っていない回路は伝達しにくくなっていくことで知られています。

つまり、人間は元々、慣れたやり方を効率的に情報伝達するような脳の構造になっており、**同じことを繰り返すことのほうがストレスなく取り組めるようにできてしまっている**のです。

なんとなく生きていると、絶対に変化しない生き物なので、意図的に変わろうとしなければいけません。


世界一の投資家、ウォーレン・バフェット氏は、次のように語ります。

「人間がいちばん上手なことは、あらゆる新しい情報に対して、過去に出した結論が揺るがないように解釈することだ」

前に語った、「やらない理由を探すこと」とも同じです。

数多の企業や国が、これまでの勝ちパターンに溺れてイノベーションのジレンマにハマり、朽ちていくでしょう。

それは歴史が証明しているので、「**破壊による変革（ディスラプト）**」を意識した言葉を口にして実行していく必要があります。

ということで、「健全な不安」を個人や組織が持ち続けるために、次の3つが大事になります。

- **不安を「言葉」にして、明確に意識づける**
- **不安は悲壮感と切り離して伝える**
- **尊敬できる人や対象を見つけ、自分との差を意識する**

この3つによって意識的に言葉にしないと、これまでの成功体験や勝ちパターンに戻ろうとするのが人間です。

そして、自らの勝ちパターンを壊すことには、膨大なエネルギーがかかります。そのときにエネルギーの源泉がネガティブな感情だけだと人は動きません。

257ページでも語りましたが、「アドレナリン系で動けるのは4ヶ月間、ドーパミン系で動けるのは4年間」という話を思い出してください。

「やらなければ怒られる」というようなネガティブな感情だけでは、アドレナリンしか出ません。

つまり、**無理やりやらせても4ヶ月後には息切れします**。

多くの企業が変わらないのは、改革を開始して4ヶ月くらいでは構想までしかできず、実行まで到達しないからです。

だから、まずはあなた個人が常に変わることの楽しさを感じて表現できる人間になることが近道であると信じてやみません。

次に、先ほどの3つ目の「尊敬できる人や対象を見つける」について説明しましょう。

紹介するのは、ＳＢＩホールディングスの北尾《きたお》吉孝《よしたか》さんが語っていたことの引用です。

〝敬という心は、言い換えれば少しでも高く尊い境地に進もう、偉大なるものに近づこうという心であります。したがってそれは同時に自ら反省し、自らの至らざる点を恥づる心になる。[註25]〟

この言葉のとおり、自分の今の立ち位置に満足しすぎないためには、尊敬できる対象を見つけ、その人と比べて自分に対して恥じる気持ちがなければいけません。さもないと、変わることはできません。

ただ比べて一喜一憂するのではなく、最初に「尊敬」することや自分の現状に「憤り」を持つことまでが必要です。

いま、夢中になれていない人は、ぜひ時間を取って考えてみてください。

技法39 「再定義」し続ける

ここまで、現状を変えることへのモチベーションの源泉である「健全な不安」について語ってきました。

では「何をすべきか（What）」を考え出すために、そのとっかかりになる考え方を紹介しましょう。

何か新しいことを始めるときに、まったく何もないところから考え出すのは難しいことです。

すでにある事業やこれまでやってきたことの蓄積があって、そこから改革したり改善したりするのが近道です。

したがって、**既存の商品やサービスの「何を変えるのか」「何を変えないのか」**を、「再定義」というアプローチから考えることにしましょう。

「再定義」には3つのレイヤー（層）があります。

1　「ビジョン」のレイヤー
2　「顧客像」のレイヤー
3　「ビジネスモデル」のレイヤー

この3つから、今やっていることを捉え直します。

ここでは、私が運営しているワークスペース事業の「Think Lab」を例に説明します。

「1」のビジョンのレイヤーは、その事業をなぜやっているのかを定義づけていることを見直します。

「Think Lab」には、「Live your life：自分の人生に集中する生き方」というビジョンがあります。

ビジョンを言葉にして意識できるようにしているので、そのビジョンに立ち返って考えることができます。

すると、これまで私たちは集中できる「空間」を提供してきましたが、ビジョンから考えると「時間管理」も大事なのではないかという議論が生まれます。

「スケジューラーの再発明をすべきだ」という新しい発想が出てきたりもします。

これが、ビジョンからの再定義です。

「2」と「3」のレイヤーは、密接につながっているので合わせて説明します。

最近では、コロナによる働き方の根本的な変化があり、「顧客像」も「ビジネスモデル」も大きく変更することを余儀なくされました。

これまでは、「世界一集中できる空間」として、意識の高いライフハッカー的オフィスワーカーを相手にサービスを提供してきました。

しかし、コロナによって、明らかに社会課題の比重が変わり、育児を抱えながら在宅勤務をする人を対象に、サービスを再定義しています。

その結果、提供価値は「最高の集中」から「ゆとりある1人の時間（集中もできる）」へとコンセプトが変更されました。

ビジネスモデルも「店舗の運営」だけではなく「家庭用の商品開発」にも展開するようになりました。

このように、「顧客像」や「ビジネスモデル」のレイヤーからも、今やっていることの再定義は可能です。

以上が、3つの再定義のアプローチです。

このときに大事なのは、「**常に自分の事業開発の方向性を見直す**」ということ。そして、「**顧客になる可能性がある人の『リアルな悩み』と『自分たちがやりたいこと』の両方に耳を傾け続ける**」というシンプルなことです。

もちろん、この本が出版された後には、私たちもまったく違う方向へピボットしている可能性があります。

それほど再定義には終わりがなく、常にやり続ける意味があるのです。

技法40 「再定義の時間」をスケジュールに組み込む

ここまでの本書の技法を総動員する話ですが、前項の再定義は、意識しないとなかなか続きません。

「はじめに」の「重要度と緊急度のマトリクス」でも、緊急性が低い第二領域に振り分けられることでしょう。

そのため、私の個人的な話も絡めながら、スケジュールに組み込むことを語ります。

再定義に意識を向けるために、特に特徴的だった1週間の私のスケジュールを紹介しましょう。

月曜

・朝　他部門システム部隊と打ち合わせ

・昼　大企業執行役員と相談

・夜　ベンチャーイベントに登壇

火曜

・夕方　社長とミーティング

水曜

・昼　脳神経科学の大学教授とランチ

・夕方　設計チームと打ち合わせ

木曜

・朝　アートディレクターと打ち合わせ

・昼　禅のお坊さんと電話

このように、1週間で8回も、多岐にわたる人から独自の視点で「気づき」を与えられたことがありました。いずれも「再定義」に関することを考える機会になりました。

266ページの「遠い人と話す」にも通じますが、自分の仕事に対して「再定義」するチャンスをくれる人は、自分とはまったく違う属性であることが望ましいです。

私はそのための時間を優先してスケジュールに組み込むようにしています。

ぜひ、この1週間や1ヶ月単位で過去のスケジュールを振り返ってみてください。

もし、再定義に関する話が一度もできていなければ、それは今が安全なのかもしれませんが、「健全な不安」が足りていないということでもあるので、少し焦ったほうがいいかもしれません。

また、「JINS MEME」の生みの親である東北大学の川島隆太《かわしまりゅうた》先生と私たちJINSがブレストを開始した最初の時点では、とんでもなく大きな気づきになる言葉が生まれました。

それが、川島先生の「**メガネって、パンツの次に着けている時間が長いよね**」という一言でした。

そこから話が広がっていき、「パンツは毎日替えることになるから、もしかしたらユーザーのことを一番長く知ってあげられるのはメガネで、それが最大の強みなのかもしれないね」という流れになりました。

まさに、「再定義」の象徴のような出来事でした。

これは、**メガネを「視力矯正の機能」として生産販売している者からすると、まったく気づくことができないメガネの新しい価値です。**

こういった、何が生まれるかわからないような「出会いの瞬間」こそが、再定義のチャンスをくれ、それがイノベーションの種になります。

この日々のアクションの繰り返しで「再定義」をし続けると、次の新しい「当たり前」が生まれます。

それを信じて動き続け、成功してもなお「再定義」を繰り返していく。これこそが仕事を夢中になれるものに変えていく方法だと、自信を持って言えます。

まずは、その第一歩を踏み出しましょう。

「Live Your Life」という言葉

いよいよ本章の話も最後です。

「最高に夢中で生きる」ための根源を紹介します。

これまで、夢中に働くために大事なことは何かについて話をしてきました。

私自身、禅のお坊さんや脳神経科学、ヘルスケアの研究者の方などと多岐にわたって話したり、JINS MEMEで集中を計測して、「根本的に集中しているタイプの人」が持っている性質を考察したりしてきました。

その結果、たどり着いたのは、「**Live Your Life（自分の人生に集中して生きる）**」という言葉でした。

働き方のハックや瞑想などのマインドフルネスよりも大事な人生の話です。

その背景をお伝えしながら、最後の技法を紹介していきましょう。

技法40 人生の「5万時間」を意識する

まず、「集中」の観点からの話です。

「1万時間の法則」という言葉を聞いたことがある人は多いでしょう。

どんな領域でも、集中して取り組む時間が累計で「1万時間」になると、その領域のプロフェッショナルになれるというものです。

この基となる論文を発表した心理学者のアンダース・エリクソン氏は、1万時間の法則とともに、「人は1日4時間程度しか、集中状態を作れない」という話もしています。

そうすると、1ヶ月で集中できるのは「100時間」、1年では「1000時間」、人生100年時代とは言われていますが、仕事に夢中で取り組めるのは50年だと考えると、**人に与えられた集中時間の総量は「5万時間」しかないのです。**

つまり、人生をどんなに上手にやりくりしても、**「5つのこと」**しか極めることができないことになります。

どうでしょうか。

今、目の前の仕事が、**人生の5分の1をかけてもやりたいことでしょうか。**

ぜひ、それを考える機会にしてください。

もし、そこに疑問があるようなら、絶対に集中なんて続きません。続いたところで、後々、よい人生を送ったと振り返ることはないかもしれません。

私たちも、個人が「集中」や「夢中」で生きられるためのサービスを考えています。

誰かにやらされる仕事は絶対にしないと決め、自分の人生の5分の1をかけてもよいと思えるものを見つけて、それに取り組んでいます。

つまり、「なぜ、これをやっているのか？」を腹落ちさせて取り組むことが大事です。

そう思えるきっかけとなった「ある出来事」に絡めて、次の技法を紹介しましょう。

技法42

「如実知自心」からはじめる

ここまで散々、集中することについて話してきましたが、逆に「絶対に集中できない人」は、どんな人なのでしょうか。

これは、私たちがThink Labの記念すべき1号店をJINS社内に作った際の話です。事業をスタートさせたときのコンセプトは、「東京に高野山を作ろう」というものでした。

そのため、チームのみんなで高野山に合宿に行きました。

そこの高野山高祖院というお寺の住職である飛鷹全法《ひだかぜんぽう》さんが、ある言葉を教えてくれました。

それが、「**如実知自心**《にょじつちじしん》」という言葉でした。

自分の心を如実に知ることが大事ということです。それを知らない人は、何かに打ち込むことはできないのです。

つまり、「自分が何をしたいか」を語れない人には、集中ができないのです。如実に自分の心を知ることが、何かに打ち込んで夢中になるための最低限の前提条件になるというわけです。

誰かが決めたことを、そのまま受動的にやる人は、爆発的な推進力は持てません。とはいえ、すべての人間が能動的になれるわけではなく、ワークライフバランスを重視したり、人に決めてもらうことを大事にしたりする価値観の人もいます。

そういった場合でも、人に与えられたことや考え方を、自分の中で咀嚼して、自分の言葉でやりたい理由に変えることは可能でしょう。

自分の心を知るプロセスさえ持てば、受け身な人でさえも、能動性を担保することができると、私は思います。

たまに聞くのが、「社長がやりたいからしょうがないよ」というようなマネジメントの言葉ですが、そういう言葉から物事を始めることは、徹底的になくさないといけないでしょう。

自分のチームや自分が動く理由を、自分の言葉で発するべきです。
そんなときに思い出していただきたいのが、「如実知自心」という言葉なのです。

この「如実知自心」を、採用面接などの自己分析のような言葉で言い換えると、「Will（やりたいこと）とCan（できること）とMust（やらなければならないこと）を考える」ということになります。

しっかり「Will」を語れる人が、目の前の「Must」に集中することができるし、それがない人は夢中な状態には絶対になれません。

特に、これからの時代は、「Will」によって問題提起する力のみが新しい価値を生みます。「Can」で語られるスキルの陳腐化は早く、「Must」における問題解決能力もＡＩにその座を明け渡していくはずです。

「如実知自心」という言葉を、ぜひ、それを考えるきっかけにしてください。

技法43
仕事以外の「特技」を突き詰める

さて、ここまで、たくさんの方の知見を基に、私なりに消化した考え方を述べてきました。

とはいえ、私もまだまだ道半ばです。

最後に、私もまだ理屈でしか理解していないため、自分自身の課題でもある話なのですが、多くの成功者が語ってくれる考え方を紹介したいと思います。

仕事の領域で、「ライスワーク（食っていくための仕事）」と「ライフワーク（人生をかけて何かを成す仕事）」という表現があります。

「ライスワーク」を経て、「ライフワーク」にまで至っている人たちには、多くの場合、ある共通点があります。

それは、**仕事以外の領域で「趣味」を持ち、それを「特技」のレベルにまで突き詰めているることです。**

多くの成功者は、会食などの席で、必ず「ライフワーク」と「特技」の両方の話を行き来しながら話します。

「本業と麻雀」「本業と釣り」というような、2つの経験が抽象化されてアナロジーになり、その両方を互いに高めていける気づきがあると言います。

この領域の特技を持つことの有用性は、理論的には教えられるのですが、私自身はまだこれというものは見つかっていません（こうして本を書いていると、高校時代に小説家になりたかったことを思い出したので、執筆を特技のレベルに突き詰めるべきかもしれません）。

ここまで「やりたいことをやるべき」というスタンスで主張してきましたが、「やりたいこと」という言葉は言うのは簡単ですが、実行はなかなか難しいものです。

エネルギーを向けられることと好きなことは、得てして同じではない場合が多いでしょう。

「目的」に関してはやりたいことでも、その「手段」である日々の業務の実務が非常に苦手だというようなことは往々にしてあると思います。

私の友人に、音楽が好きすぎて音楽レーベルで働いている人がいます。大好きなアーティストの裏方をやっていますが、その実務に押しつぶされて「自分に合わない」と、いつもグチを言っています。

「目的」が好きだとしても、「手段」があまりにも自分に合わないものだと、なかなかしんどいものです。

特に、キャリアの初期では、「手段」を自分で決定することができないことが多いでしょう。そのズレで苦しんでいる人も多いと思います。

仕事を選ぶときは「目的」を考えることも大事ですが、実際に働くとどんな1週間を過ごすことになるのかをシミュレーションすることも不可欠です。

ちなみに、私は採用面接のときは、その1週間のシミュレーションにズレがないことをしっかり確認することにしています。

さて、以上、「Live Your Life（自分の人生に集中して生きる）」を実現するための考え方を紹介してきました。

人生というと大きな話のように聞こえますが、目の前のことに没頭するためには、そこから考えていくことが近道になります。

ここまで本書を読み通してくれたあなたなら、きっと理解できるはずです。

終章

「場所に縛られない働き方」がもたらす効果

リアルに最後まで残る要素

ここまで本書では、個人の働き方について、集中と夢中をテーマに語ってきました。

この終章では、私がこれまで「サード・プレイス」に関わる事業をしてきた立場から、「働く場所の機能」について、さらに詳しく述べておこうと思います。

多くのサプライヤーや総務の方と話してきて、考えうる機能について紹介します。

もしかすると、個人の働き方には関係ないと思われる読者もいるかもしれませんが、総務や経営に関わる人など、今後、オフィスの未来や働き方の大きな枠組みを考える人に向けて補足しておきます。

働く場所を選ぶワークスタイル

コロナを起点として「わざわざ行く場所」になったオフィスに、「残されるべき、あるいは、強化されるべき機能」は何でしょうか。

実はコロナ前からオフィスは、一見ムダに見えるようなものまでを作ることが増えていました。

その理由はさまざまで、ときには法人としてのアイデンティティを表現する媒体として、またときにはリラックスする場所として、あるいは社員のモチベーションやアイデアを生み出すための仕組みとしてなど、多くの機能を果たそうとしていました。

最近では、「ＡＢＷ（Activity Based Working）」という考え方が提唱されています。

これは、仕事内容に応じて、働く場所を選ぶワークスタイルのことです。

ＡＢＷを取り入れたオフィスでは、固定席がなく、その時々の仕事の種類に合わせた席へ移動できるそうです。

これは、いま流行の「フリーアドレス」だけの話ではありません。

別々の機能に特化した空間を複数持ち、それを個人がシェア利用することで、いつでもどこでも目の前の仕事に最適なアクティビティを実現できるのです。

左の図のように、オフィスで必要な活動を1つ1つ分類し、それぞれに特化した場所を提供します。

ちなみに、これは、オランダのワークスタイルコンサルティング企業の発案で、「**10の活動**」という考え方です。

本書の2章では、ざっくりと「ソロワーク」「コワーク」という分け方をしましたが、コワークは、厳密には「短い会話や質問などを交えてメンバーと場を共有しながら行う個人作業」です。

そのため、「電話・リモート会議」「2人作業」「対話」「アイデア出し」「情報整理」「知識共有」と、細分化されています。


このように、コロナ前から、ワークスペースは、多くの機能に特化した場所を作って、空間の価値を高める方向に提案がなされてきました。

ただ、本書で何度も繰り返し述べてきたように、オフィスの機能は、「縮小していく」というのが私の考えです。

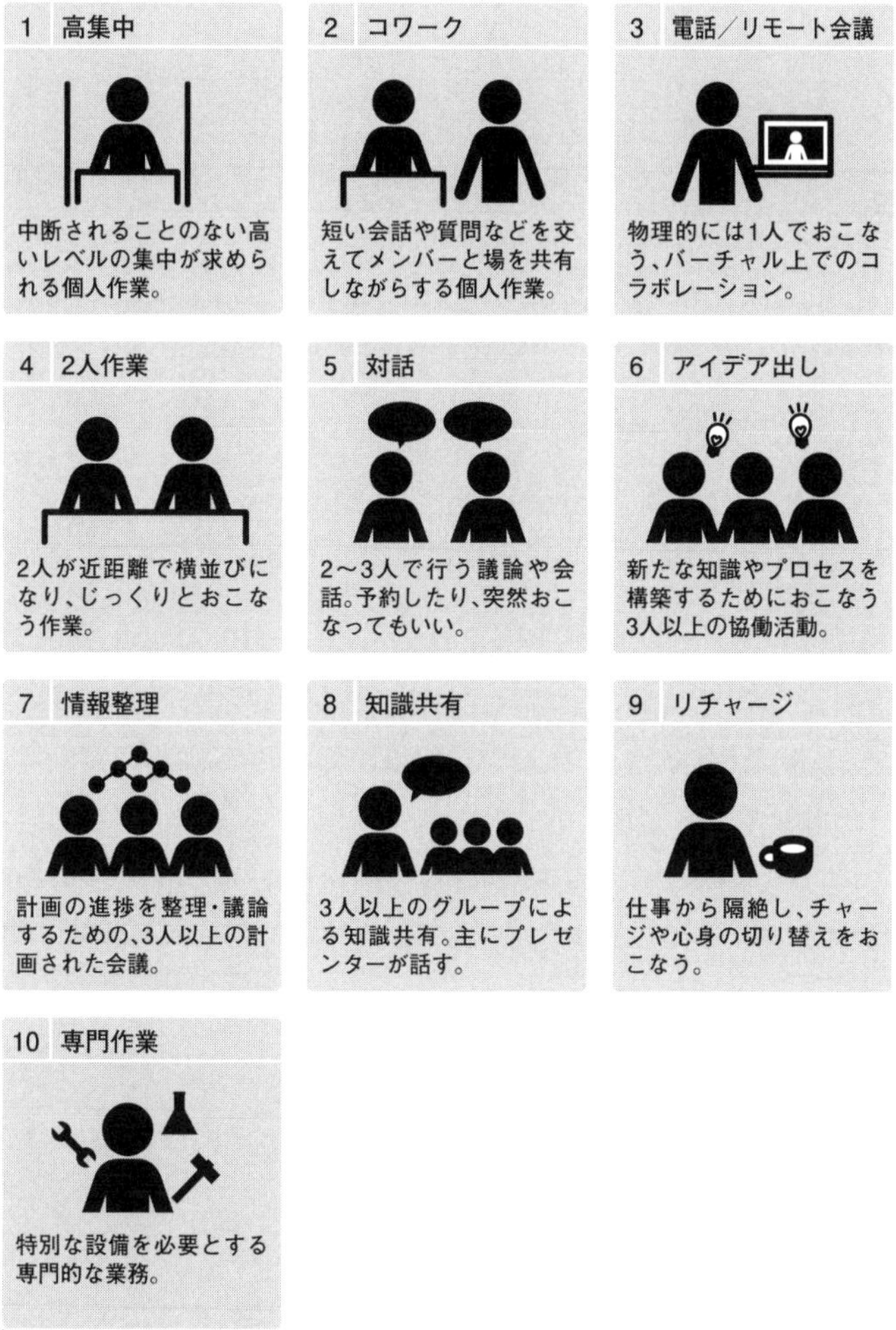
1　高集中
中断されることのない高いレベルの集中が求められる個人作業。
2　コワーク
短い会話や質問などを交えてメンバーと場を共有しながらする個人作業。
3　電話／リモート会議
物理的には1人でおこなう、バーチャル上でのコラボレーション。
4　2人作業
2人が近距離で横並びになり、じっくりとおこなう作業。
5　対話
2～3人で行う議論や会話。予約したり、突然おこなってもいい。
6　アイデア出し
新たな知識やプロセスを構築するためにおこなう3人以上の協働活動。
7　情報整理
計画の進捗を整理・議論するための、3人以上の計画された会議。
8　知識共有
3人以上のグループによる知識共有。主にプレゼンターが話す。
9　リチャージ
仕事から隔絶し、チャージや心身の切り替えをおこなう。
10　専門作業
特別な設備を必要とする専門的な業務。

「10の活動」はオランダのワークスタイルコンサルティング企業VELDHOEN＋COMPANY社の研究により作られた考え方です。

多くの会社員の仕事は、リモートによる在宅ワークが中心となると予想し、その前提で技法を身につけていこうというのが本書の主張でした。

そして、私が考える「オフィスに残る機能」について、代表的な3つをあらためて紹介しようと思います。

残る機能1 「無計画な出会い」

在宅勤務が増え、スケジュールを見ると日中の8時間すべてが、リモート会議になっているという人も多いことでしょう。

先にも述べたとおり、これによって難しくなってくるのが「雑談」です。

ここでいう雑談というのは、通常の計画的な会議とは異なり、意見を吸い上げる「**ボトムアップな会話**」という意味です。

会議であれば、アジェンダとゴール設定があって、それに応じて計画的に進みます。

それに対するアンチテーゼとして語られる「雑談」は、目的が設定されず、もちろんアジェンダも組まずに話をすることで「発散的なアイデアが生まれる」という概念です。

そしてそれは、これまでは飲み会や喫煙所などが担ってきたと言及しました。

もちろん、「最高の雑談場所を作る」という概念は効果的かもしれません。

その方向にオフィスを改造する会社も多くあると聞きます。

しかし、本当に「雑談場所を社内に持つ」ということが効果的なのかどうかは疑問に思います。

たとえば、雑談の最たるものは、「恋人や家族、友人との会話」です。

それらの雑談を思い浮かべてもらうとよいのですが、**その雑談場所は、固定されているでしょうか**。

毎回、同じお店で飲み会をする人もいるかもしれませんが、多くの場合、いろいろな環境で話をするほうが、雑談の価値は上がります。

それを考えると、「セカンド・プレイス」としてオフィスが所有すべき機能なのか、という疑問が生まれます。

2章で語ったように、私はもはやリモートでの「相談」や「１ｏｎ１」にも慣れてきて、

1人で散歩しながらメンバーと「最近、気にかかっていることは何か？」などを話すようにもなりました。

そうやってリテラシーが身につくにつれて、リモートでもまったく問題ないという実感があります。そればかりかリアルよりも雑談しやすくなっているような気すらします。

そうなると、本当に雑談場所をオフィスで所有する必要があるのか、は悩ましい問題だと思っています。これは意見が分かれるところでしょう。


しかし、雑談の中で1つ明確にテレカンでは実現が難しい要素があります。

それが**「無計画な出会い」**、**つまり自分が想定していない人との会話**です。

話す内容そのものを無計画にすることは、ルールさえ作れば実現可能です。

しかし、話す相手を無計画にすることだけは絶対にできません。

左の図でいうと、右下のゾーンにあたります。

自分の仮説を検証することが目的で打ち合わせや雑談をしようとする場合、そこには大きな問題が隠れています。

内容 ＼ 相手	自分で決めた相手	たまたま会った相手
打ち合わせ	◎ テレワーク可能	NA 理論上ありえない
雑談	○ リテラシーが上がれば可能	× ここが課題

それは、**自分と似ているタイプの人や、自分と同じ範疇に収まるタイプの人を選定しがちになること**です。

あえて雑談をしようとするときも、「この人と話せば、建設的に議論が進むな」という感覚をもとに相手を選ぶでしょう。

そういう人が相手だと、予定調和的な会話になることも多いですし、ヘタをするとそんな会話しかせずに暮らしていけてしまいます。

リアルな職場では、ちょっと苦手な同僚から、「最近どうなの?」と聞かれたりしながら、自分のやっている仕事の話をして、「**批判的なフィードバック**」をもらうことがあります。

リモートでこの体験が激減し、自分と近いタイプの人とばかり話していると、非常に狭い視野でしかモノを考えられなくなってしまうおそれがあります。

とはいえ、**自分から苦手な人や批判的な人に積極的に絡んでいくことは、リモートではなかなか難しい**でしょう。

だからこそリアルな場所には、そのような「無計画な出会い」を誘発し、「批判的なフィードバック」が得られる設計が必要だと思います。

そしてこれは、WeWorkなどのコワーキングスペースでは難しいことでしょう。

なぜなら、自分とは異なる会社の人の取り組みに、わざわざ批判的なアドバイスなど、誰もしようとしないからです。

「批判的なフィードバック」という、個人としてはストレスがかかることを、お互いにし合えること。それこそが、同じ会社に所属して仕事をすることの本質的な意義です。

この機能こそ、従来のオフィスに備えておくべきものでしょう。

残る機能2

「見取り稽古」

2つ目が「見取り稽古」の機能についてです。

あまり聞きなれない言葉かもしれませんが、剣道や柔道などで使われる言葉で、**「初心者が上級者の稽古をただ見るだけ」**というものです。

いわゆる「守・破・離」という三段階の成長の流れの最初に、先人が積み上げてきた型を理解・会得していくフェーズがあります。

ここでやることは、ただ上級者の動きを見て感じ取るだけだそうです。

たとえば、剣道をやってきた人に聞くと、「見る」という言葉を使っていますが、視覚情報だけではないと語ります。

目に見えることだけではなく、**音や肌感覚など、五感すべてを使って感じ取らないと、完全な見取り稽古にはならない**と言います。

これは、我々の仕事に置き換えても言えることでしょう。

熟練が難しいものであればあるほど、リモートでの視覚や聴覚情報だけで身につけることには限界があると言えるかもしれません。

これを考察する上で、1つのエピソードがあります。

有名な社会福祉活動家のヘレン・ケラーは、視覚と聴覚が不自由でしたが、人の感情を鋭く読み取る力があったそうです。

いつも行動を共にしたサリバン先生という人がいるのですが、先生自身が自分でも気づいていない「緊張」などの生理・心理状態の変化に、ヘレン・ケラーはいち早く気づいたといいます。

それは、第六感のようなスピリチュアルなものではなく、近くにいることで感じる「筋肉の硬直」などから読み取っていたようです。

瞑想の中にも「Body Scan」というものがあります。

これは、自分の体の感覚に意識を向ける瞑想ですが、そのトレーニングで語られることも、この話に似ています。

自分が言語化できる感情よりも、もっと前に体は硬直したりして「感情」を表現しており、訓練すればそれに気づけるのだそうです。

たしかに、緊張する場面では、後から振り返ると、「息が浅くなっていたよ」と言われることがあったり、自分でも知らないうちに首などに力が入って肩が凝ったりするようなことがあります。

以上を踏まえると、リモートで難しいのは、**「相手の生理・心理状態の変化を読み解くこと」**でしょう。

特に、若手が成長していく上では、仕事における所作など、コンテクスト（文脈）を学べないことが問題になります。

私もコンサル時代、先輩の電話のかけ方を学んだり、横にいる同期の社員がやっているプロジェクトの断片的な会話を聞いたりなど、いろいろなところに学びがありました。

それを感じ取るために、「会社ではイヤホンをして仕事をするな」と教わりました。

そのように、**所作などの「言語化できないこと」をインプットすることによる成長促進効果は、テレワークばかりをしていると阻害されるかもしれません。**

テレワーク中でもコンテクストが伝わってくるような仕組みになるためには、テクノロジーの進化を待つ必要があるでしょう。

あるいは、仕事を覚える段階の若手社員だけには、リアルの職場にいる時間を有効に活用させる必要があるでしょう。これらの機能はオフィスに残ると思います。

残る機能3

「教会的な装置」

最後に紹介するのが、「教会的な装置」としての機能です。

私が所属しているJINSという会社は、2021年1月末現在、全国に400店舗以上、海外を含めると550店舗以上の小売店があります。

小売なので、目に見えないところにまで共通認識を持ってサービスをお客様に届けなければならない立場にあります。

そのため、昔から半年や四半期に1回は、全国の店舗の店長が全員集まり、同じ目標を共有するための「決起会」を催しています。

３章でも述べたとおり、今後、副業や複業が増えていき、法人と個人の関係をはじめ、正社員から業務委託まで関係の境目があいまいになっていく中で、わざわざ法人に所属することは、**「何か無形物のビジョンやミッション」**などを共有しなければ、意味をなさなくなっていくでしょう。

そうすると、オフィスという目に見える共有物は、その無形物を共有するための「装置」としての意味合いが強くなると思います。

「教会的」という理由はここにあります。

私自身は日本人によくある宗教心が薄いタイプですが、無形物を共有するにあたって、人類がもっとも力を入れてきたのは、教会やモスク、お寺のような空間を設計することだったということは予想できます。

それと同じように「見えないものを信じて共有する」という機能をうまく会社ごとに定義して、それを空間に表すことが求められます。

そして、週に1回あるいは月に数回、その空間で、全員がその組織に所属している「意味」や「何を成したいか」ということに向き合うための装置が重要になるでしょう。

これを用意できる会社は、個人のポテンシャルを引き出せるので高いロイヤリティで仕事をしてもらえるようになり、両者にとってよい状況になると思われます。

以上、「無計画な出会い」「見取り稽古」「教会的な装置」の3つが、オフィスに残るであろう要素です。

逆に、これらの要素を満たしていないのであれば、機能を整えることも考えるべきでしょう。今後のオフィス設計や働き方の選択において、参考にしていただきたいです。

オフィスが分散化する「２つのフェーズ」

今後、オフィス機能は分散化していくと考えられます。

都内を見ていると、スタートアップ企業はオフィスを解約する流れですし、ＧＡＦＡを中心に、大企業も在宅勤務を完全に許可し、「通常業務のインフラ」をファースト・プレイスに移すトレンドが進みました。

すべての企業が同じスピード感で進むことはないでしょうが、フットワークの軽い企業は、すでに在宅勤務を基本にして「オフィスの在り方」を変えていこうとしている状況です。

それが実際に起こるとき、一般的な会社では、次の２つのフェーズがあるでしょう。

・現在の契約期間内の過渡期
・次の契約からの最適化期

オフィスビルの賃貸期間は、「3～5年」が平均です。まず、その契約期間内に過渡期が訪れます。

そのときに、次の契約をどうするか、どうすれば最適な働き方に合わせることができるか、そんな課題と向き合わなければなりません。

これからの3～5年間の過渡期は「ウィズコロナ」、それ以降の最適化期は「アフターコロナ」へと移っていくことが、本書の執筆時には予想されます。

それを考えると、左の図のようなコストになります。

ウィズコロナ期のコストの増大は大きな悩みの種でしょう。

8割以上の産業では、本業の収益そのものが減っているはずなのに、残りの賃貸期間のオフィス賃料と設備の減価償却は残ってしまいます。

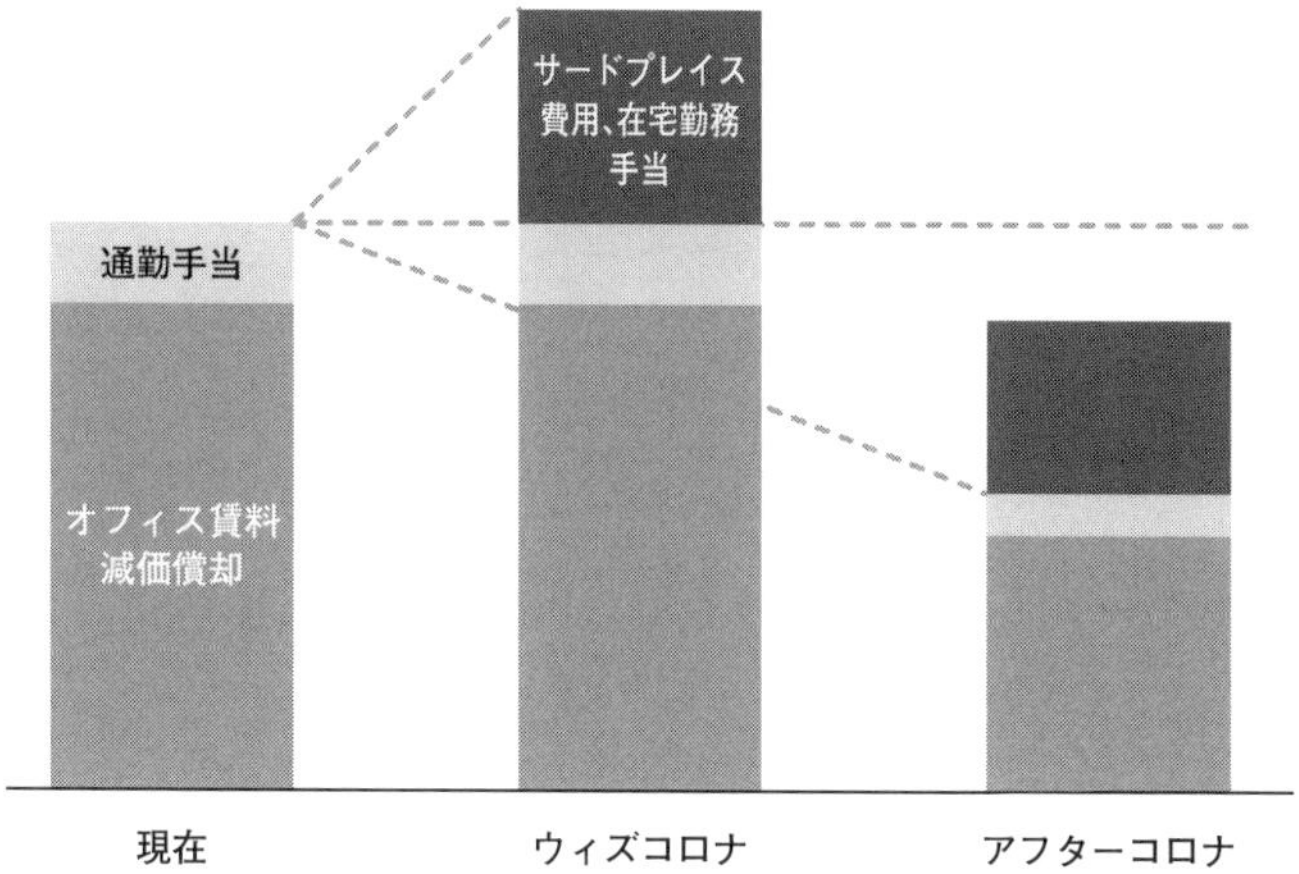

おまけに、どうにか費用を抑えながら、

・外部ワークスペース（サード・プレイス）の活用費
・ウイルス対策やテレカン対応などのオフィス投資
・在宅勤務の手当

などの対応に追われることになります。

それを経て、アフターコロナ時代には、全体のコストを抑えつつ、攻めの働き方へのシフトを目指すことになります。

そのために持つべき視点を、私の本業であるハード面の在り方を交えて説明していきましょう。

「所有」から「利用」へ

コロナ前から「シェアリングエコノミー」の進展があり、働き方を支える環境の「所有」と「利用」の関係が変わってきていました。

日本では、Yahoo! JAPANによるLODGE（ロッジ）など、大企業が所有するワークスペースを第三者に開放する動きが進んでいました。これは、148ページでも述べた「イノベーションを起こすための『知の探索』」が目的でした。

また、自社内だけで完結できない業務では、協業先とのプロジェクトを円滑にするために、その協業先の会社に常駐するような業務形態も増えてきていました。

そして、WeWorkなどのコワーキングスペースの活用も徐々に広がっていました。

コロナ前は、イノベーションを目的とした「所有から利用への流れ」が進んでいたのです。

ここで1つ懸念点を挙げるとすると、「ウイルス対策」でしょう。

たとえば、シェアリングエコノミーの代表格であった「自転車のシェア」などは、ウイルス伝染の可能性があることから敬遠されて、今は苦しい状況になっているそうです。

誰かが触ったものを共有することは、現段階では抵抗があるため、ＢｔｏＣの世界でのシェアリングエコノミーは、しばらく向かい風です。

そうなると、それなりに管理が行き届いていることが条件に入ります。

そこで、本題の「オフィスのシェアリングエコノミー」を進められる余地はあるか見ていきましょう。

シェアが進み始めている自動車の話を引用します。

あるUberのデータサイエンティストが語っていたのは、「世界中の車の中には1週間に1回も動いていないものも少なくない。全世界のすべての車の稼働率を最大化できるようにうまくシェアできれば、全自動車の『3％』しか必要なくなる」という話でした。

他のコンサル会社のレポートだと、「10％台後半」という数値でした。

算出方法によってバラツキはありますが、シェアによって、**いま世界に存在する自動車**

の大部分が必要なくなることは確かなようです。

8割のオフィスが「必要ない」

それでは、先ほどの自動車のように、オフィスがどれだけいらなくなるかを見ていきましょう。

東京都内のオフィスの稼働率から、私たちThink Labが概算した結果によると、現在のオフィスの約78％が「必要ない」という結果になりました。[註26]

イメージしやすいように、オフィスと自動車がどれだけ必要なくなるのかを左に示しておきましょう。

ここで伝えたいことは、**時差出勤などで稼働率をアップさせれば、これほど多くのオフィスは不必要であるということです。**

特に東京では、朝の通勤ラッシュで一斉に出社し、狭いオフィスで無理して仕事をしているような状態でした。

このコロナのタイミングは、その働き方を一気に変えるチャンスなのです。

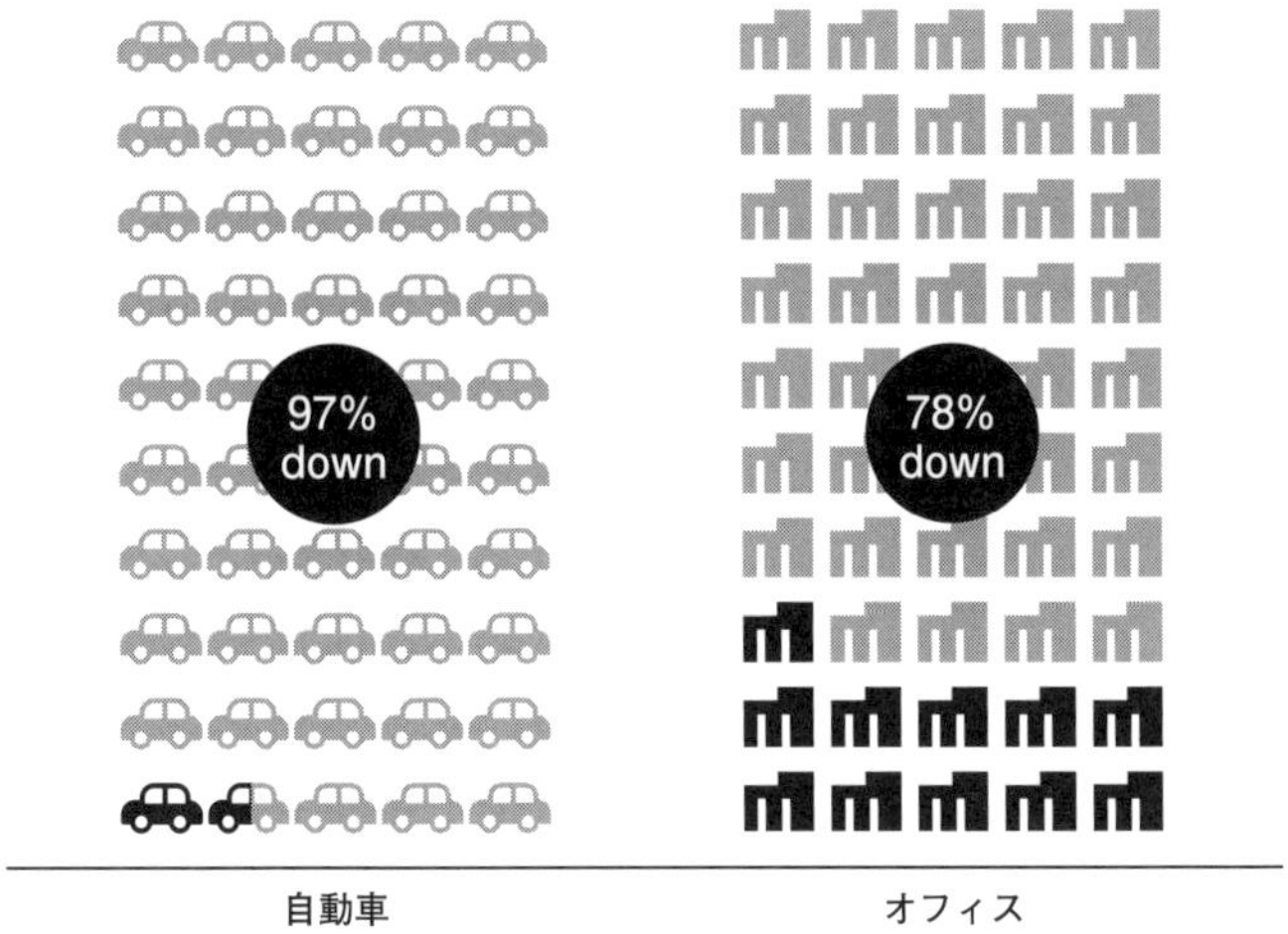

　今後、オフィスの機能を厳選し、必要以上に持たざる経営を推し進めていくことが求められるでしょう。

　では、その前提に立つと、どんな目的の場所を所有から利用に切り替えていくべきでしょうか。

　その結論こそが、終章のテーマである「サード・プレイス」につながります。

　ここで考えるのは、「**利用頻度**」です。

　大会議場や食堂など、利用頻度が限られているものを、わざわざ会社が用意する時代は終わります。そういった利用頻度が低いものほど、シェアが進み、サード・プレイスへ移っていくでしょう。

「非日常」へのニーズはなくならない

もう耳にたこができているかもしれませんが、オフィスを含めて「自宅（ファースト・プレイス）」以外の場所は、すべて「わざわざ行くところ」です。

人々が、わざわざ行く場所に求めることは、「非日常」です。

「劇場化された場所」を求めているとも言えるでしょう。

序章で述べたように、自宅を70点の多目的ルームに変えたら、それ以上に特化したものはサード・プレイスに求めるはずです。

たとえば、音楽を聴くだけならCDなどを買いに行かなくても、サブスクリプションサービスで聴き放題なので家でも十分です。しかし、それだけでは満足感を得られなくなったら、ミュージシャンのライブを観に行くはずです。

小売の世界では、リアル店舗にはショールームの役割が求められます。

わざわざ行きたくなるような劇場化したリアルな環境への求めが高まっており、その役割へのシフトが進んでいるのです。

サード・プレイスに求められるものは、「**稼働率が低いこと**」に加えて、「**非日常を体験できること**」です。

その象徴が、「合宿」です。

Think Labでも、オープン後からずっと、「1日中みんなでこもって事業計画を書いたり、事業アイデアを練ったりするために合宿をするチーム」などの利用が止みません。都内にあるにもかかわらず、「非日常」を感じながら8時間以上利用するチームがたくさんいるのです。

また、WeWorkのようなサード・プレイスには、外部の普段なら会わないタイプの人とのコミュニケーションができるという劇場としての意味が、元々求められていましたし、今後もそういう劇場は強く求められるでしょう。

あるいは、コロナの前から、カフェなどで気持ちを切り替えて仕事をする人が多くいました。

この方々にヒアリングをすると、次のような傾向がありました。

・「会社で働いているときの温度感を落とさない距離感で思い切り仕事したい」というストイックなニーズ

・「会社から少し離れて、落ち着いて1人で頭を整理したい」というゆるいニーズ

いずれも「**気持ちを切り替えたい**」というニーズであり、私たちThink Labが提供したい価値もそこにあります。

ハイタッチ系とロータッチ系

アフターコロナでは、サード・プレイスがさらに求められるでしょう。

なぜなら、「家では1人の作業ができないから会社に出てくる」「たまに会社に来ると、これまで以上に話しかけられる」ということが、これから先は頻発するからです。

そうなると、家以外でも「1人で落ち着いて仕事ができる場所」が求められると考えられます。

今後、会社員に提供すべき「非日常」は、**「ハイタッチ系の劇場（WeWorkなど）」**と**「ロータッチ系の市中の山居（Think Labなど）」**になると思います。

「市中の山居」とは、市中にありながら山中の茶室を思わせるようなスペースのことです。つまり、都会の喧騒の中にある「ホッと落ち着ける場所」です。私たちThink Labが目指している世界観でもあります。

この2つの非日常は、オフィスの中に所有しようとすると、なかなか稼働率が上がりません。

かといって、自宅の中に作ることも現実的ではありません。

ただ、それらを利用できることは、メンタルケアにもなりますし、会社が利用を勧めてくれると魅力にもなると思います。

これらこそ、セカンド・プレイスである会社内で所有するには効率が悪く、ファースト・プレイスとして個人が家の中に作るのも無理だけれど、求められることだと思っています。

そのため、これらの環境を使うことは、社員の採用リテインにもなるし、メンタルケアにもなると思っています。

クリエイティブになるためにも、メンタルヘルスを良好にするためにも、**「ゆらぎとゆとりのある『自分』でいられる環境」**は必要です。

それを実現できるのが、「サード・プレイスだ」というのが、ここでの1つの解決策であり、私からの提案になります。

以上、ここまでの話をまとめましょう。

所有から利用に移すべきこと、つまり、「サード・プレイス」を利用する観点で大事なのは、「稼働率が低いこと」に加えて、「非日常を体験できること」。

その具体例は、「合宿」「ハイタッチ系の劇場」「ロータッチ系の市中の山居」です。

その結論を基に、私たちThink Labは、特に足りていないと思われる「市中の山居」を作っていきます。

今後、オフィスの未来や働き方の大きな枠組みを考える人には、ぜひ参考にしていただきたいと思います。「ゆらぎとゆとりのある『自分』でいられる環境」を、個人に与えられるようにしていきましょう。

おわりに

会社員を謳歌しよう

「井上くんは幸せだな、会社のお金を使って自分のやりたいことをやってさ。でも、遊ぶように仕事しないと、絶対に圧倒的な仕事にはならないから、それは大事なことだよ」

これは、私の上司であるJINS社長の田中さんからもらった言葉です。

私自身、会社という仕組みを最大限活用して、自分のやりたいことを成すために「会社員」という立場にレバレッジを掛けることに本気で取り組んでいます。

本書の中でも書きましたが、日本企業が500兆円規模で内部留保をし、「カネ・ジョウホウ・モノ」が溢れているけれど、圧倒的に「ヒト」が足りていない状況です。

これをチャンスと捉える人にとっては、常に「売り手市場」です。

それを受けて、3章では「企業内起業家（イントレプレナー）」という言葉を紹介しましたが、そんな堅苦しい表現でなくても、「会社員を謳歌しましょう」と言ってしまえば、誰でも自分に当てはまることでしょう。

もし、今の組織で最大限の力が発揮できないと思えば、その組織からすぐに離れればいいだけです。

そういう意味では、「会社員」は、限られた責任の中で面白いことに本気で集中できる最高の立場だと私は思っています。

自分で起業をすると、良くも悪くもキャッシュフローに意識を向けざるを得なくなり、責任も大きくなり、自分の力を足枷なく発揮することは、案外難しかったりします。

その点で、一部の責任から解き放たれて、夢中に能動的に働けるのは「会社員」の特権ではないかと私は考えます。

ここで大事なのは、一部の責任を持たずに済むことによって、「その分を何に向けるのか」ということです。

こちらは石川善樹さんとの話からの引用ですが、

〝変化の時代を生きる現代のリーダーに求められるのは、「勝手な責任感」「強烈なエゴ」「ユーモア」だ。〟

と言っていて、まさにそのとおりだと思います。

その3つを持ち続けて生きるためには、多くの「他の責任」から解き放たれている必要があるでしょう。

そのために、会社員を謳歌することは、効果的だと考えています。

「会社員を謳歌することが、もっとも夢中に生きられる方法だ」

そんな気づきを読者の方々に与えられれば、企業内起業家も増え、結果的に日本を盛り上げられることにつながる。

それが一番の近道だと、私は信じてやみません。

2020年の初め、コロナによる影響が出てきて、「なぜ働くか」「何をするか」の自由度が上がったタイミングに、私は、この本の叩き台となる文章を書き始めました。

それは、次のような言葉が聞かれると思ったからです。

「この変化って、コロナが収束すれば、元に戻るよね。だって日本人だもん」

「喉元過ぎれば熱さを忘れる」ということわざもあるとおり、ワクチンや特効薬が完成すれば、人はウイルスに対する恐れを忘れていくかもしれません。

しかし、数ヶ月の仕事の中で身に染みた「便利さとムダの発見」は忘れることができるでしょうか。

本書では、この変化によって「何が残るのか」「何が残らないのか」を中心に書くようにしました。

執筆しながら常に頭の片隅には、「これはコロナ前から言われ続けていたのに、個人や会社が変化するきっかけがなかっただけなのではないか」ということがありました。

JINS MEMEやThink Labを通じて、HR Techや働き方改革関連のカンファレンスに呼ばれて話すことが多かった私としては、起きている事象そのものは、「やっとかよ……」という気持ちも無くはありません。

「テレワークを常態化させたい」と内閣府や総務省は強く主張していました。彼らは2020年におこなわれるはずだった「東京オリンピック・パラリンピック」を契機に、オフィスワーカーによる満員電車を激減させることに躍起になっていました。

テレワークも、ムダな会議の削減も、サード・プレイスの訴求も、実は昔から求められていたことなのです。

だから、本書を読み終えても絶対に忘れてほしくないのは、

「ビフォアコロナの時代に描いていた未来が、いま、やっと来ているだけ。それも、その速度は、首がもげるほどのすごい加速度である」

ということです。

だからこそ、コロナ前に逆戻りするのではなく、その波に飲まれないで能動的に乗りこなし、個人や組織がどんな取り組みをすればいいのか。どうすれば、よりよく集中を勝ち取ることができるのか。

そんなことを学び取っていただけたのではないかと思います。

さて、最後に、手前味噌ではありますが、私たちJINSでは、集中のためのプロダクトも力を入れて開発・販売しています。

Think Labでは、「Think Lab HOME」という、在宅勤務向けの折りたためる書斎を用意しています。

また、サード・プレイスとして最高の環境であると自信を持って用意している場所が、「Think Lab 銀座・汐留」です。ぜひ、緊急事態宣言などが収束した際には、体験していただきたいと思っています。

このような取り組みにも、ぜひ今後とも注目してみてください。

「働き方の自由度が圧倒的に上がった」、そんな過渡期には、選択することを楽しめる人だけが幸せに生きられると思います。

自分の生き方を選ぶことを楽しみましょう。

自分の人生に集中する生き方を。

Live Your Life.

2021年4月

井上一鷹

註釈

註1

「JINS MEME（ジンズミーム）」は、ユーザーが日常生活の中で1日中装着することを可能にし、普通のメガネと同様のデザインを実現しながら、眼の動きを捉えるセンサー、姿勢を捉えるセンサーを搭載したメガネ型デバイス。

註2

CVCとは、「Corporate Venture Capital」の頭文字を取ったもので、事業会社が投資活動を通じてベンチャー企業と連携する方法のひとつ。

註3

メンバーシップ型とは、新卒一括採用し、会社に所属した後に仕事内容やキャリア設計を基本的に会社に決められて仕事をする形の雇用形態のこと。

註4

Newspicks『Weekly OCHIAI【落合陽一】コロナ格差と教育を考える』２０２０年４月29日より

註5

『人間の脳の信号はゼロイチではない。脳の可能性を知ればシンギュラリティを超えた世界が見えてくる』（DAncing Einstein CEO 青砥瑞人氏）２０１９年１月22日（http://www.future-society22.org/blog/aoto）

註6

Newspicks『【新】今こそ「充実した人生」のための戦略を練るチャンスだ』（石川善樹氏）２０２０年４月24日（https://newspicks.com/news/4845373/）

註7

Wikipedia「サード・プレイス」より

註8

Quod 飯塚氏の作成資料より。Source: Demographic Yearbook(UNSD), Labour Force Survey(ILO, ONS UK, Statistics Norway), Labour Force Statistics(CPS US), 労働力調査（総務省）

専門職等：アメリカ以外：研究者、技術者、医師、金融・法律家、教員、デザイナー、芸術家等（ISCOに基づく分類）、アメリカ：NAICS（北米産業分類システム）に基づき、上記に沿った職業従事者数を調査。

註9

次のような計算によって算出。

東京23区の２００坪以上のオフィスを持つ会社に所属している人を想定すると、坪賃料は2万４２３５円。一般的に１人当たり2坪と仮定すると、１人の賃料は４万８４７０円。減価償却費や光熱費、清掃費などで１・３倍程度になることを想定して、１人当たりの空間経費は、6万３０１１円。

以上により、空間の費用だけで、月額6万円以上の経費がかかっていると考えられる。

註10

キールハワー「Junior 8562アジャスタブルアームチェア」（http://www.keilhauer.jp/general/junior.html）

註11

アーユル・チェア（https://www.ayur-chair.com/）

註12

ローテーブルで座布「仏壇屋 滝田商店 座禅布団（座布）綿 1尺（直径30cm）」（https://www.amazon.co.jp/dp/B004AOM8IY）

註13

バランスボール「Trideer バランスボール（リング付）」（https://www.amazon.co.jp/gp/product/B07T5SW4QL/）

註14

「FREEDESK デスクライザー」（https://www.eoct.co.jp/news/infomation/post-1135/）

註15

「MOFT Z」（https://www.makuake.com/project/moft_z/）

註16

平成30年度経済産業省デジタルプラットフォーム構築事業（ワークスタイル変革モデル事業調査）より（https://www.meti.go.jp/meti_lib/report/H30FY/000196.pdf）

註17
『世界の経営学者はいま何を考えているのか――知られざるビジネスの知のフロンティア』（入山章栄著、英治出版）参照

註18
Newspicks『【GMO熊谷】僕が、超速「4000人リモート化」で掴んだ秘訣』2020年3月10日より（https://newspicks.com/news/4704548/）

註19
オカムラ『アフターコロナにむけた ワークプレイス戦略　コロナショックが変える 働き方と働く場』より（https://www.okamura.co.jp/solutions/office/after_covid-19/pdf/Workplace-Strategy-toward-After-COVID19-Okamura.pdf）

註20
Business Insider『メルカリ、ウォンテッドリーがあえてテレワークを推奨しない理由』2018年7月24日より（https://www.businessinsider.jp/post-171734）

註21
平成30年度経済産業省デジタルプラットフォーム構築事業（ワークスタイル変革モデル事業調査）より（https://www.meti.go.jp/meti_lib/report/H30FY/000196.pdf）

註22
Human relationに関する論文『Human Relations Volume 23 Number 1 pp61-76 Mark Cook〝Experiments on Orientation and Proxemics〟』より

註23
財務省「法人企業統計調査」によると、日本企業の利益余剰金は、2018年で458兆円。1990年時点では100兆円程度。ちなみに、「利益余剰金」とは、営業利益から各種損益を差し引き、納税などをした後に残る当期純利益のこと。

註24
『GIVE & TAKE「与える人」こそ成功する時代』（アダム・グラント著、楠木建監訳、三笠書房）参照

註25

北尾吉孝日記『「憤」の一字を抱く』２０１５年６月26日より（http://www.sbi-com.jp/kitao_diary/archives/2015062610196.html?fbclid=IwAR0H7dADisoGVgR9Z5EYBwsj6_zdy6PS7Z3T7x5qh5taar_rKz5kv5P4wT4）

註26

オフィスのシェアリングエコノミー実現時の床削減割合試算（東京都の場合）。

現状、オフィス床面積は、２０１５年の東京区部で９２３６万平方メートル（http://www.mitsuifudosan.co.jp/english/realestate_statics/download/fudousantoukei_2018_3_1.pdf 参照）。２０１５年の東京都区部のオフィスワーカーは、約３５０万人（http://www.tmri.co.jp/report_2/pdf/2016special01.pdf 参照）。１人当たりの必要な面積は、「10平方メートル」（https://designers-office.jp/column/page/index.php?id=193 参照）。

必要な床面積は、「３５０万人 × 10平方メートル × ７時間（実質床必要時間）÷ 12時間（ビル稼働時間）＝ 約２０４１万平方メートル」。

よって、シェアリングエコノミーが実現した際に必要なオフィス床面積の割合は、「２０４１万平方メートル ÷ ９２３６万平方メートル × １００％ ＝ 約22％」。

つまり、残りの約78％が不要なオフィス床面積となる。